Kinderzahl — Wunsch und Wirklichkeit

Schriftenreihe des Bundesinstituts für Bevölkerungsforschung

Band 1

Hans W. Jürgens
Katharina Pohl

Kinderzahl –
Wunsch und Wirklichkeit

Deutsche Verlags-Anstalt Stuttgart

ISBN 3 421 02460 X

© 1975 Bundesinstitut für Bevölkerungsforschung, Wiesbaden
Verlag: Deutsche Verlags-Anstalt GmbH, Stuttgart
Alle Rechte vorbehalten
Gesamtherstellung: A. Oelschlägersche Buchdruckerei GmbH, Calw

Inhalt

Vorwort 7

I. Ausgangssituation 9
  1. Die Entwicklung des Fortpflanzungsverhaltens 10
  2. Die soziale Differenzierung der Fortpflanzung 12
    a) Differenzierung der Familiengröße 12
    b) Die Differenzierung der Kinderwünsche 15
    c) Die makrosoziologische Bedeutung der Differenzierung 17
  3. Die Dimensionen des generativen Verhaltens 18
    a) Der physiologische Rahmen 20
    b) Der sozial-institutionelle Rahmen 21
    c) Der Bereich der individuellen Lebensgestaltung 22

II. Untersuchungsziele 26
  1. Das Gesamtprogramm 26
  2. Der allgemeine Anlaß der Longitudinal-Untersuchung 27
    a) Verbesserung von Prognosemethoden 27
    b) Abschätzung der Wirksamkeit bevölkerungspolitischer Maßnahmen 28
  3. Der spezielle (akute) Anlaß der Untersuchung 29

III. Untersuchungsmethodik 30
  1. Der Stichprobenplan 30
  2. Der Fragebogen 31
  3. Die Durchführung der Befragungen 32
  4. Die Zusammensetzung der Stichprobe 33
  5. Die Methode der Datenaufbereitung und Auswertung 35

IV. Untersuchungsergebnisse 36
  1. Vorstellungen, Pläne und Wünsche im generativen Bereich 36
  2. Bedingungen des generativen Verhaltens 43
    a) Der Einfluß sozialer Faktoren 45
    b) Der Einfluß ökonomischer Faktoren 54
    c) Der Einfluß der Religion 61
    d) Der Einfluß der Stadt-Land-Differenzierung 68
    e) Der Einfluß des Emanzipationsniveaus der Frau 73
  3. Analyse der Bedingungen des geplanten und realisierten generativen Verhaltens in Abhängigkeit von der Ehedauer 78
    a) Die Abgrenzung und Zusammensetzung der in der Analyse einbezogenen Gruppen 81
    b) Die für das realisierte und geplante generative Verhalten relevanten Bedingungen 83
    c) Die Bedingungsstruktur geplanten und realisierten generativen Verhaltens 86

V. Zusammenfassung und Diskussion   91

   Kurzfassung der Ergebnisse   105

   Summary   107

   Literaturverzeichnis   108

   Namenregister   110

   Sachregister   111

   Verzeichnis der Tabellen   113

   Verzeichnis der Abbildungen   115

   Fragebogen der Untersuchung   116

Vorwort

Die vorliegende Arbeit befaßt sich mit dem generativen Verhalten der Bevölkerung in der Bundesrepublik Deutschland. Es geht dabei weniger um die Frage, wieviel Kinder wo und wann geboren werden, sondern vielmehr darum festzustellen, welche Faktoren die unterschiedliche Geburtenrate bedingen. Die Bevölkerungswissenschaftler der ganzen Welt kommen immer mehr zu der Erkenntnis, daß die menschliche Fruchtbarkeit der entscheidende Faktor für die Bevölkerungsentwicklung eines Landes ist. Grenzüberschreitende Wanderungen haben im allgemeinen keine zahlenmäßig vergleichbare Bedeutung, und die Sterblichkeit ist in ihrer Entwicklung relativ einfach vorhersehbar. Entscheidende Schwankungen zeigen sich nur bei der Geburtenrate.

Obwohl die Bundesrepublik — wie früher auch das Deutsche Reich — eine hochentwickelte Bevölkerungsstatistik besitzt, die für viele andere Länder Vorbild ist, verharrt die Bundesrepublik hinsichtlich der bevölkerungswissenschaftlichen Forschung auf dem Niveau eines Entwicklungslandes. Das Stichwort Bevölkerung löst bei der Mehrzahl unserer Mitbürger, ganz gleich welchen Grad der Verantwortung sie für die Gesellschaft haben, vielfach nur Assoziationen aus, die zwischen Übervölkerung in Entwicklungsländern und Bevölkerungspolitik des Dritten Reiches schwanken. Die Tatsache aber, daß Bevölkerungsvorgänge von entscheidender Bedeutung für zahlreiche lebenswichtige Einrichtungen und Entwicklungen sind, ist nicht nur der breiten Öffentlichkeit, sondern ebenso wissenschaftlichen und politischen Gremien weitgehend verborgen geblieben.

Die Frage nach dem generativen Verhalten hat in den letzten beiden Jahrzehnten die Wissenschaft immer wieder bewegt. Die grundlegenden Studien von *Freedman-Whelpton-Campbell* (1959) und drei spätere größere Studien in den USA haben die Aufmerksamkeit auf dieses Feld gelenkt. Was aber bislang erst in vereinzelten Fällen — und dann auch nur in sehr begrenztem Umfang — gelang, war der Versuch einer longitudinalen Erfassung des generativen Verhaltens. Hier liegt jedoch der entscheidende Ansatz: Wenn wir in einem Interview Meinungen, Urteile und Planungen retrospektiv erfassen, dann bekommen wir regelmäßig ein von den Befragten an der inzwischen eingetretenen realen Situation gemessenes und in unbekanntem Maße korrigiertes Bild. Eine prospektive Äußerung auf der anderen Seite ist in ihrer Aussage völlig unverbindlich, solange wir nicht die Möglichkeit haben zu kontrollieren, ob diese Planungen und Urteile zu einer realen Handlung führen bzw. welche Faktoren die Situation im Verlaufe der Zeit beeinflussen. Eine Antwort auf die Frage nach dem generativen Verhalten kann nur eine wiederholte Befragung der erfaßten Personen geben. Erst auf dieser Basis wird es auch möglich, Ergebnisse von kurzfristig erstellten Befragungen hinsichtlich ihres prognostischen Wertes zu beurteilen und für künftige Planungen einzusetzen. Gerade das aber sollte das Ziel einer Bevölkerungswissenschaft sein, die ihre Aufgabe darin sieht, der Bevölkerung, an der und mit der sie arbeitet, zu dienen.

Es ist kein Zufall, daß solche longitudinalen Untersuchungen weitgehend fehlen. Fragen des generativen Verhaltens, vor allem auch die damit zusammenhängenden Fragen über die persönliche Lebensgestaltung gehören auch heute noch zur Intimsphäre, und es bedarf großer Mühe und fachlichen Geschicks, um die Probanden einer Stichprobe zu einer Mitarbeit zu bewegen. Dieser Aufwand vervielfacht sich, wenn es im Zuge einer Longitudinalstudie darum geht, die Befragten erneut zu einer Mitarbeit zu gewinnen.

Schon die starke Mobilität unserer Bevölkerung kann hier erhebliche Hindernisse in den Weg legen. Und nicht zuletzt stellt eine Untersuchung auch ein finanzielles Risiko dar, denn die aufgewandte Arbeit verliert schlagartig und ganz entscheidend an Wert, wenn die Untersuchung aus wirtschaftlichen Gründen nicht fortgeführt werden kann. Wenn wir die Untersuchung trotz dieser Risiken übernommen haben, dann aus der Erkenntnis, daß ihre Ergebnisse dringend benötigt werden, mit dem Optimismus, daß eine für Wissenschaft und Praxis so wesentliche Studie eine stetige Förderung erhält und in der Gewißheit, daß wir uns auf eine Gruppe bewährter Mitarbeiter stützen können.

Die Einrichtung des Schwerpunktprogramms Demographie der Deutschen Forschungsgemeinschaft bot die wirtschaftliche Voraussetzung für die Durchführung der Untersuchung. Die zu untersuchende Stichprobe wurde mit Hilfe des Statistischen Bundesamtes gewonnen. Die Statistischen Landesämter von Schleswig-Holstein, Hamburg und Rheinland-Pfalz leisteten weitere wertvolle Hilfe. Über die Kultusministerien und Schulämter der drei untersuchten Bundesländer fanden wir unsere Interviewerinnen. 314 Interviewerinnen waren im Verlauf der Untersuchung unermüdlich tätig und nahmen manche Schwierigkeit auf sich. Die Einweisung und Betreuung der Interviewerinnen wurde von Dipl.-Psych. Dr. W. Lengsfeld übernommen. Bei der organisatorischen Durchführung der Untersuchung und der Aufbereitung des Materials waren die wissenschaftlichen und technischen Mitarbeiter des Interdisziplinären Lehrfachs für Bevölkerungswissenschaft und des Anthropologischen Instituts der Universität Kiel beteiligt. Die Aufbereitung der Befunde erfolgte im Rechenzentrum der Universität Kiel durch Dr. Lengsfeld. Die Zusammenarbeit dieses Teams war die Voraussetzung für die Durchführung der vorliegenden Untersuchung.

Die Gründung des Bundesinstituts für Bevölkerungsforschung in Wiesbaden bietet Gelegenheit, die weiteren Phasen der Untersuchung in diesen Rahmen aufzunehmen. Diese technischen Möglichkeiten und die Förderung, die die Longitudinalstudie inzwischen auch durch das Bundesministerium für Jugend, Familie und Gesundheit erfahren hat, lassen auch für die Zukunft weitere wertvolle Ergebnisse aus dieser Longitudinaluntersuchung erwarten.

Da die Zahl der Bevölkerungswissenschaftler in der Bundesrepublik äußerst gering ist, kann diese Arbeit sich nicht an den kleinen Kreis von Spezialisten wenden. Wir sehen vielmehr unsere Aufgabe darin, die hier zu behandelnden Fragen möglichst so darzustellen, daß sie dem zugänglich sind, der ihrer bedarf. Das gilt nicht nur für die Wissenschaftler angrenzender Fachgebiete, sondern ebenso für die, die den Auftrag übernommen haben, für unsere Bevölkerung zu arbeiten, sei es als Politiker oder im öffentlichen Dienst. Schließlich wendet sich dieses Buch auch an diejenigen, die sich nicht damit begnügen wollen, nur „Bevölkerung" zu sein, sondern die versuchen wollen, diesem Phänomen, an dem sie mit allen wichtigen Lebensäußerungen beteiligt sind, erkenntnismäßig näherzukommen. Aus diesem Grunde werden wir gelegentlich und stichwortartig Daten und Befunde wiedergeben, die dem Fachmann bekannt sind, die aber für den Nichtfachmann notwendig sind, um den Stellenwert unserer Befunde zu erkennen und um das Gesamtbild abzurunden.

I. Ausgangssituation

Da als wohl allgemein anerkannte Maxime gilt, daß jede sinnvolle Maßnahme ergriffen werden muß, um die Sterblichkeit zu senken, kann diese für den Bevölkerungspolitiker kein Gegenstand planerischen Vorgehens sein. Die Wanderung — als zweite der drei wesentlichen, die Bevölkerungsentwicklung bestimmenden Variablen — läßt sich zwar beeinflussen, beschränken oder kanalisieren, jedoch spielt die grenzüberschreitende Wanderung ohnehin für die Bevölkerungsentwicklung der meisten Länder keine entscheidende Rolle, so daß dieser Faktor — jedenfalls gegenwärtig — unberücksichtigt bleiben kann. Es bleibt also die dritte Variable, die Fruchtbarkeit, als die eigentlich entscheidende. Die Möglichkeiten einer *direkten* Einflußnahme, wie sie im vorindustriellen Europa bestanden, sind dem Politiker der Gegenwart nicht mehr gegeben; das Problem einer *indirekten* Einflußnahme ist damit heute die zentrale Frage jeder Bevölkerungspolitik, sei sie auf eine Vermehrung oder eine Verminderung der Bevölkerung ausgerichtet.
Letztlich hat aber die Bevölkerungspolitik im Bereich des generativen Verhaltens doch nur die Möglichkeit zu überreden, zu locken, Wohlverhalten im Sinne des Staates zu belohnen. Es erscheint auf der Basis unserer bisherigen Erfahrungen sehr fraglich, ob mit diesen Maßnahmen tatsächlich durchgreifende Veränderungen der Fruchtbarkeit, seien sie auf eine Vermehrung oder eine Verminderung ausgerichtet, bewirkt werden können. Somit steht der Staat praktisch ohne wesentliche Einflußmöglichkeiten auf das Bevölkerungsgeschehen da. Auf der anderen Seite hat er aber die Verpflichtung, für seine Bürger zu planen, und diese Planungsverpflichtungen nehmen parallel mit der Kompliziertheit des modernen Lebens in einer hochindustrialisierten Gesellschaft zu. Viele Entwicklungen bedürfen einer längerfristigen Planung, als es auf Grund der natürlichen Gegebenheiten des menschlichen Lebens möglich ist: Wenn die Geburtenzahlen kurzfristig ansteigen, läßt sich für den Beginn der Schulpflicht dieser Kinder ein erhöhter Bedarf an Lehrern ausrechnen. In den wenigen Jahren, die zwischen Geburt und Schulbesuch liegen, ist es aber nicht möglich, Schüler, die sich auf eine andersartige Ausbildung vorbereiten, aufs Gymnasium zu schicken, damit sie das Abitur erwerben, um dann ein Studium der Pädagogik aufnehmen zu können. Wenn sich die Eltern in einer Bevölkerung schlagartig entschließen sollten, ihre Kinderzahl gegenüber früher zu verdoppeln, dann ist es zu spät, um neue Siedlungen, um soziale Leistungen für die überraschend große Zahl junger Mitbürger bereitzustellen. Jedes Jahr, das man eine kommende Entwicklung im voraus weiß, kann für die staatliche Organisation wie für den Einzelnen wertvoll sein. Wenn die Gesellschaft also schon die Fruchtbarkeit der Bevölkerung nicht mehr planen kann, so muß sie diese doch sorgfältig beobachten und wenn irgend möglich prognostizieren.
Gerade im Bereich der Bevölkerungsentwicklung, und hier wiederum bei dem entscheidenden Angelpunkt, der Geburtenrate, haben Prognosen immer wieder versagt. Die Suche nach Gesetzmäßigkeiten hat zahlreiche Bevölkerungswissenschaftler beschäftigt, ohne daß jedoch prognostisch brauchbare Verfahren erarbeitet werden konnten. Die Spontaneitäten der Geburtenentwicklung haben immer wieder die sorgfältig erarbeiteten Prognosen über den Haufen geworfen, und der Bevölkerungswissenschaftler ist im allgemeinen nicht einmal in der glücklichen Lage des —

ebenfalls fehlprognostizierenden — Meteorologen, der wenigstens hinterher ganz klar begründen kann, warum seine Vorhersage gar nicht eintreffen konnte. Der Babyboom in den USA nach dem Zweiten Weltkrieg war ebensowenig vorhersagbar, wie der kurzfristige starke Geburtenrückgang in den USA in den letzten Jahren. In gleicher Weise war auch der Anstieg der Geburten in der Bundesrepublik bis 1964 und der gegenwärtige starke Abfall der Fruchtbarkeit weder vorhersehbar, noch schlüssig begründbar.

Die hier skizzierte Situation war der zentrale Ausgangspunkt für die vorliegende Untersuchung. Bevor wir uns der eingehenderen Definition und Begründung der speziellen Ziele dieser Untersuchung zuwenden, erscheint es in Anbetracht der starken sozialen Bedingtheit des generativen Verhaltens notwendig, zunächst eine kurze Darstellung der historisch-sozialen Entwicklung des Fortpflanzungsverhaltens sowie des gegenwärtigen Wissensstandes über die soziale Differenzierung der Fortpflanzung zu geben und daran anschließend die Dimensionen des generativen Verhaltens aufzuzeigen.

1. Die Entwicklung des Fortpflanzungsverhaltens

Die Fruchtbarkeit des Menschen wird zunehmend zu einem sozialen Phänomen. Diese Feststellung, die vor allem für die Bevölkerung der Industrienationen gilt, kann erst seit der Jahrhundertwende getroffen werden, denn die soziale Bedingtheit der menschlichen Fruchtbarkeit hängt sehr eng von der wirtschaftlichen und sozialen Entwicklung und von der der Medizin ab.

Wir könnten auch formulieren, die Fruchtbarkeit gewinnt erst eigenständige Bedeutung durch den Rückgang der Sterblichkeit. Dieser vielleicht etwas verwirrende Satz bedarf der Begründung: In der vorindustriellen Gesellschaft in Europa ebenso wie in zahlreichen Entwicklungsländern bis vor einigen Jahren erreichten die Sterberaten in der Bevölkerung, insbesondere die Säuglingssterblichkeit, hohe Werte. Nur durch weitgehende Ausnutzung der vorhandenen Fruchtbarkeit der Frauen in der Ehe war es möglich, die großen Verluste, die durch die Säuglingssterblichkeit entstanden, zu kompensieren und den Bestand sowie ein gewisses Wachstum der Bevölkerung zu sichern. Das generative Verhalten war in dieser Zeit im wesentlichen durch physiologische Faktoren begrenzt.

Parallel zu diesen existentiellen Notwendigkeiten, von denen das Überleben der Bevölkerung abhing, richtete sich auch die herrschende Sexualethik aus, die die Fruchtbarkeit in der Ehe als Konstante behandelte und sich jeder Einflußnahme auf sie widersetzte.

Ende des 18. Jahrhunderts stellte Thomas Robert Malthus die Fruchtbarkeit des Menschen zur Diskussion und wies darauf hin, daß die Vermehrung einer Bevölkerung mit ihren Subsistenzmöglichkeiten im Gleichgewicht bleiben müsse. Ein solcher Gedanke war nur aus der Situation eines wirtschaftlich nicht bewältigten Bevölkerungswachstums denkbar. Ein solches Wachstum wiederum resultierte aus einem Absinken der Sterblichkeit bei gleichbleibender uneingeschränkter Fruchtbarkeit. Die Fruchtbarkeit geriet also in das Blickfeld, weil sie nicht mehr von der Sterblichkeit weitgehend aufgehoben wurde. Die Fruchtbarkeit war aber — sofern sie ehelich war — durch die herrschende Sexualethik geschützt. Eine Anpassung der

Vermehrung an den Lebensraum konnte in der vorindustriellen Gesellschaft in Europa praktisch nur in der Weise vor sich gehen, daß man das Heiratsalter und die Heiratshäufigkeit beeinflußte, d. h. daß die Gesellschaft dem Individuum vorschrieb, ob und wann es heiraten durfte. Die eheliche Fruchtbarkeit blieb also eine Konstante, doch die soziale Institution der Ehe ließ sich regulieren.
Daß ein solcher sozialer Mechanismus nur wirksam werden kann, wenn sich alle Beteiligten an die gesetzten Regeln halten, liegt auf der Hand. Da die Fruchtbarkeit nicht direkt beeinflußbar war, mußte sie im Interesse der Gesellschaft über soziale Konstruktionen, wie eben die Ehe, reguliert werden. Das setzte voraus, daß eine außereheliche Fruchtbarkeit unterbunden wurde. Die Ächtung der unehelichen Mutter war also in dieser Zeit eine für die Gesellschaft existentielle Frage. Das gleiche Phänomen heute ist dagegen ein Hinweis auf die Schwerfälligkeit unseres Denkens, das immer noch an vorindustriellen Normen orientiert ist.
Da mit fortschreitender wirtschaftlicher, sozialer und medizinischer Entwicklung die Sterblichkeit, insbesondere die Säuglingssterblichkeit, weiter abnahm, hätte das geschilderte System der Regulierung der Fruchtbarkeit über Heiratshäufigkeit und Heiratsalter auf die Dauer gesehen dazu geführt, daß nur noch eine Minderheit der Bevölkerung in jüngeren Jahren hätte heiraten dürfen, und daß dann diese Familien ungewöhnlich kinderreich hätten sein müssen. Beides war in der sozialen Praxis kaum realisierbar. Es war schon aus diesem Grunde geradezu zwingend, daß sich andere Formen der Regulierung der menschlichen Fruchtbarkeit entwickelten. Die Entwicklung der Industrie in dieser Zeit, damit verbunden auch die Entstehung der Großstädte, führten von einer anderen Seite zum gleichen Ziel. Die Abwanderung großer Bevölkerungsteile vom Land in die Industriestädte trug zu einer Lockerung der herkömmlichen Normen bei. Die relativ starre soziale Ordnung des Dorfes verlor sich rasch. Das in der Zeit der Leibeigenschaft geborene Wort „Stadtluft macht frei" gewann einen neuen Sinn: Die Stadt trug zur Säkularisierung, zur Emanzipation des Individuums bei. Die herrschende Sozial- und Sexualethik verlor zunehmend an Bedeutung, ja sie wurde aktiv von verschiedenen weltanschaulichen und politischen Gruppen bekämpft.
Hinzu kam noch, daß die erst durch die Industrialisierung möglich gewordene starke soziale Mobilität der Bevölkerung auf der einen Seite und das betonte Aufstiegsstreben weiter Bevölkerungsteile auf der anderen dazu führten, daß ganz neue Ziele und neuartige Methoden zur Erreichung dieser Lebensziele in das Blickfeld weiter Bevölkerungsteile traten. Den steten Neuerwerb der sozialen Stellung der Familie in jeder Generation, der jetzt in der sozial durchlässigeren Gesellschaft erforderlich war, konnte man mit kleinen Kinderzahlen wesentlich leichter bewerkstelligen als mit großen. Kinderreiche waren in diesem Wettlauf benachteiligt.
Alle diese Faktoren mußten dazu führen, daß Gedanken einer Kontrolle der Fruchtbarkeit auch innerhalb der Ehe an Raum gewannen. Die Gedanken von Malthus wurden in einen Neomalthusianismus transformiert, der in praktischer Form als Geburtenkontrolle und Familienplanung auftrat. Die Fruchtbarkeit war jetzt nicht mehr eine von dem Zeitpunkt der Eheschließung an wirksame Konstante, sondern Gegenstand der privaten Entscheidung jedes Paares, und in jahrzehntelangem Bemühen wurden dem noch einer vorindustriellen Ethik verhafteten Gesetzgeber die schrittweise Freigabe der Möglichkeiten zur Geburtenkontrolle abgerungen.
„Familiengründung und -planung ist Bürgerrecht" konnte zunächst als Zielvorstel-

lung, gegenwärtig bereits als Zustandsbeschreibung über diese Entwicklung geschrieben werden. Aus der Sicht des Individuums ist damit — jedenfalls nach dem Empfinden unserer Zeit — ein normaler Zustand hergestellt worden. Aus der Sicht der Gesellschaft sieht die Situation jedoch wesentlich komplizierter aus. Der Staat verlor durch diese Entwicklung die Möglichkeit einer Planung der Fruchtbarkeit und damit der Entwicklung der Bevölkerung. Auch früher war die Fruchtbarkeit nicht direkt zu beeinflussen. Jedoch über den sozialen Hebel der Eheschließung, die Voraussetzung für die Fruchtbarkeit war, bestanden Möglichkeiten, die Entwicklung der gesamten Bevölkerung mit den Subsistenzmöglichkeiten in Übereinstimmung zu bringen.

Heute entscheidet das Individuum selbst- und sozial-verantwortlich über seine Fruchtbarkeit, und diese Entscheidung wird in erster Linie den individuellen Vorstellungen eines optimalen „Lebensstils" entsprechen, nicht jedoch unter bevölkerungspolitischem Aspekt erfolgen. Diese Entwicklung trug dazu bei, daß sich im Laufe der Zeit eine Vielzahl von gruppenspezifischen generativen Verhaltensweisen entwickelte.

2. Die soziale Differenzierung der Fortpflanzung

Die Differenzierung der Bevölkerungsbewegung ist unter sozialen Aspekten seit jeher besonders stark ausgeprägt. Im vorindustriellen Europa, als — wie im vorangegangenen Abschnitt gezeigt — die eheliche Fruchtbarkeit noch als Konstante anzusehen war, entstanden diese sozialen Unterschiede in den Vermehrungsraten weitgehend durch die Differenzierung der Sterblichkeit, insbesondere der Säuglingssterblichkeit in den verschiedenen Sozialschichten. Seit Rückgang der Sterblichkeit hat die Frage der Geburtenraten und ihre soziale Differenzierung zunehmend an Interesse gewonnen. Auch in der bevölkerungswissenschaftlichen Dogmengeschichte hat es nicht an Theorien gefehlt, die den Bevölkerungsprozeß in Verbindung mit der sozialen Gliederung der Bevölkerung bringen. In diesem Zusammenhang ist jedoch auf die Unschärfe bzw. die Komplexität des Begriffes „sozial" hinzuweisen. In Anbetracht der hohen positiven Korrelationen zwischen sozialer Stellung, Ausbildung und ökonomischer Situation, die bereits definitionsgemäß bestehen, ist es vielfach gar nicht möglich, voneinander zu trennen, was aus diesem Faktorenbündel das entscheidende Agens im Bevölkerungsbereich ist.

a) Die Differenzierung der Familiengröße

Die vorliegenden Informationen über das sozial differenzierte generative Verhalten der Bevölkerung in der Bundesrepublik basieren auf Daten, die im Rahmen des Mikrozensus von 1962 erhoben wurden. Zwar war auch in Übereinstimmung mit den internationalen Empfehlungen für die Durchführung des Weltzensus um 1960 im Rahmen der Volkszählung 1961 in der Bundesrepublik die Frage nach den bis zum Zähltag geborenen Kindern vorgesehen, sie wurde jedoch vom Gesetzgeber gestrichen. Es liegen somit, im Gegensatz z. B. zu den USA, für die Bundesrepublik nur die Ergebnisse der 1-%-Repräsentativstichprobe des Mikrozensus vor.

Nach dem Mikrozensusgesetz vom 16. März 1957 war nach § 2, Ziffer 1, die Erfassung der Kinderzahl möglich, so daß im Oktober 1962 an Verheiratete folgende

Frage gestellt werden konnte: „Wieviele Kinder — auch wenn sie nicht zum Haushalt gehören, wurden in der jetzigen Ehe lebend geboren?"; die Kinder des Mannes oder der Frau aus einer früheren Ehe wurden im Rahmen dieser Fragestellung nicht mit erfaßt.

Von *Schwarz* (1964a) wurden die erhobenen Daten unter dem Gesichtspunkt schichtenspezifischer Unterschiede analysiert, wobei die Bevölkerungsgruppen u. a. nach der Gemeindegrößenklasse des Wohnorts, nach der Berufsstellung des Mannes und seinem Nettomonatseinkommen unterteilt wurden. Im Durchschnitt wurden in den 1962 bestehenden 14 Mio. Ehen bis zum Zähltag 1,757 Kinder geboren. Die meisten Kinder (2,504) hatten die Selbständigen in der Land- und Forstwirtschaft, die wenigsten (1, 259) Angestellte) mit einem Einkommen unter DM 600,—.

Schwarz standardisierte die Angaben nach der Ehedauer und dem Heiratsalter der Frau und kam zu dem Ergebnis, daß 1962 die Kinderzahlen nach wie vor auf dem Lande bedeutend höher waren als in der Stadt, unabhängig von der Stellung im Beruf und dem Einkommen des Ehemannes. Weiterhin konnte er für die städtische Bevölkerung einen positiven Zusammenhang zwischen der Höhe des Einkommens und der Kinderzahl innerhalb der einzelnen Berufsgruppen feststellen, ein Zusammenhang, der sich sowohl für die Selbständigen als auch für Beamte, Angestellte und Arbeiter zeigte. Hingegen war innerhalb der einzelnen Einkommensgruppen festzustellen, daß die Arbeiterfamilien am größten waren, danach kamen die Beamtenfamilien, dann die der Selbständigen und schließlich mit Abstand die der Angestellten. Getrennt nach Wirtschaftsbereichen stellt *Schwarz* für die im öffentlichen Dienst Beschäftigten im Vergleich höhere Kinderzahlen fest: „Die Angestellten im öffentlichen Dienst haben fast die gleichen Kinderzahlen wie die Beamten in diesem Wirtschaftsbereich, die Angestellten außerhalb des öffentlichen Dienstes dagegen bedeutend weniger. Ein ähnlicher Unterschied besteht zwischen den Arbeitern im öffentlichen Dienst und in der Privatwirtschaft." Für diesen Zusammenhang kann seiner Ansicht nach die folgende Erklärung herangezogen werden: „Möglicherweise hängen die höheren Kinderzahlen der im öffentlichen Dienst beschäftigten Angestellten und Arbeiter mit den besonderen Arbeitsplatzsicherungen und dem nach Alter, Familienstand und Kinderzahl gestaffelten Verdienst zusammen" (S. 75).

Insgesamt kommt *Schwarz* zu der Feststellung, daß, wie ein Vergleich zu den Volkszählungsergebnissen von 1939 zeigt, seit der Jahrhundertwende eine fortschreitende Nivellierung der Größe der Familien stattgefunden habe, resultierend aus einem Rückgang der Geburten bei Bauern und Landarbeitern sowie gewerblichen Arbeitern. Für die Gruppe der Beamten- und Angestelltenfamilien zeigten sich hingegen nahezu keine Änderungen gegenüber den Ergebnissen von 1939; jedoch waren in dieser Gruppe die Kinderzahlen der zwischen 1946 und 1962 geschlossenen Ehen höher als die der Ehen, die zwischen 1925 und 1939 geschlossen wurden. Eine entsprechende Tendenz zu höheren Kinderzahlen ist auch in der Gruppe der Selbständigen zu beobachten, so daß sich durch diese gegenläufige Entwicklung schichtspezifischen generativen Verhaltens die Kinderzahlen der Arbeiter, Beamten und Selbständigen besonders außerhalb der Landwirtschaft im Vergleich zu früher stark angenähert haben.

Vergleichen wir diese Ergebnisse über die Ist-Situation in der Bundesrepublik von 1962 mit denen der von *Cho*, *Grabill* und *Bogue* durchgeführten Analyse an Hand der Daten des US-Zensus von 1960 (berichtet in: *Bogue* 1969, S. 711 ff.), so sind insgesamt der Tendenz nach gleichartige Zusammenhänge in bezug auf das gruppenspezifische generative Verhalten in diesen beiden Ländern festzustellen. Zur Erfassung gegenwärtiger Fruchtbarkeitsunterschiede verwandten die Autoren das von *Grabill* und *Cho* (1965) entwickelte „own-children-under-5-years"-Verfahren. Standardisiert nach Alter und Schulabschluß der Frau war ein positiver Zusammenhang zu der Höhe des Einkommens des Ehemannes sowie eine U-förmige Beziehung zwischen der Stellung des Mannes im Beruf und der Kinderzahl der Familie festzustellen; dieser U-förmige Zusammenhang zeigte sich besonders ausgeprägt bei berufstätigen Frauen. Differenziert nach dem Schulabschluß der Frau hatten diejenigen mit High-School-Abschluß die geringsten Kinderzahlen im Vergleich zu denen mit einem höheren oder geringeren Schul- bzw. Ausbildungsabschluß.

Eine weitergehende Analyse dieser beiden relativ fruchtbaren Extremgruppen zeigte, daß diese ähnlichen Fruchtbarkeitsresultate auf der Basis deutlich differenzierten altersspezifischen Verhaltens entstanden. Während die Gruppe derer ohne High-School-Abschluß besonders hohe Fruchtbarkeitswerte in jüngeren Jahren aufweist, konzentriert sich bei College-Absolventinnen die Reproduktionsphase auf die Jahre nach der Ausbildung; überaus hohe Fruchtbarkeitswerte sind in dieser Gruppe bis hin zum 30. Lebensjahr festzustellen, so daß die im Endergebnis ähnlichen Kinderzahlen aus einer bildungsabhängigen Nutzung der Fruchtbarkeitsperiode resultieren.

Vergleichsdaten über die gruppenspezifisch differenzierte altersspezifische Fruchtbarkeit liegen für die Bundesrepublik zwar nicht vor, ein ähnlicher Zusammenhang könnte jedoch auf Grund der Ergebnisse des Mikrozensus von 1962 angenommen werden; denn *Schwarz* konnte nicht nur innerhalb der einzelnen Einkommensgruppen die Tendenz zu einem U-förmigen Zusammenhang zwischen der Stellung im Beruf und der Kinderzahl nachweisen, sondern auch, daß in den höheren Einkommensgruppen jeweils die Arbeiter weitaus jüngere Frauen hatten als die Beamten (*Schwarz*, 1964 b). Diese soziale Differenzierung des Heiratsalters bedeutet jedoch nicht nur ein sozial differenziertes Fortpflanzungsverhalten, sondern führt hierdurch auch zu einer sozialen Differenzierung des Generationenabstandes.

Der negative Zusammenhang zwischen der sozio-ökonomischen Lage der Familie und ihrer Kinderzahl, der nicht erst seit der Jahrhundertwende festgestellt und diskutiert wird und der wiederholt zu Untersuchungen anregte, — deren Ergebnisse *Schwidetzky* bereits 1950 folgendermaßen kommentiert: „Fast schon unübersehbar und von beinahe ermüdender Gleichförmigkeit der Ergebnisse bei allen Unterschieden der Methode sind die Untersuchungen zu diesem Thema" (S. 254), — scheint nach den Ergebnissen von 1962 auch in der Bundesrepublik von einer neuen Phase des schichtspezifischen generativen Verhaltens abgelöst.

Die Feststellung, daß es heute wohl nicht mehr bestritten werden könne, daß die eheliche Fruchtbarkeit die Tendenz habe, positiv mit dem Einkommen zu korrelieren, findet sich bereits bei *Heberle* (1936, S. 278). Für die soziale Differenzierung der Fruchtbarkeit ist seiner Ansicht nach jedoch weniger die absolute Höhe des Einkommens entscheidend, sondern vielmehr die Einkommenssicherheit und die soziologische Funktion der Einkommenshöhe, d. h. das Verhältnis des Einkommens zu den durch soziale Konvention festgelegten Kosten der Lebenshaltung in den verschiedenen sozialen Schichten. Für diese Thesen, die sich auch bei *Mackenroth* (1953) finden, fanden die Autoren die wichtigste Bestätigung in den Untersuchungsergebnissen von *Edin. Edin* und *Hutchinson* (1935) konnten in ihrer Untersuchung Stockholmer Familien bereits für 1920 einen positiven Zusammenhang zwischen Soziallage und Kinderzahl feststellen, unabhängig davon, ob die Einkommenshöhe, der Schulabschluß oder der Beruf als Indikator der Soziallage verwandt wurde. Darüber hinaus zeigte sich ein gleichfalls positiver Zusammenhang zwischen der Kinderzahl und der individuellen Abweichung von der schichtspezifischen durchschnittlichen Einkommensänderung, ein Ergebnis, das nach *Mackenroth* (1953, S. 286) die Wohlstandstheorie, die den Geburtenrückgang aus der Wohlstandssteigerung zu erklären versuchte, endgültig widerlegt.

Doch ebenso wie *Mackenroth,* dem sich am Material der (damaligen) Gegenwart insgesamt eindeutig noch das Bild einer Differenzierung der Fortpflanzung zugunsten der Unterschicht bot, sich 1953 die Frage stellte, ob es sich dabei um eine Übergangs- oder um eine Dauererscheinung handle, stellt sich auch jetzt wieder die Frage nach der Tendenz der weiteren schichtspezifischen Entwicklung des generativen Verhaltens. Die letzten für die Bundesrepublik vorliegenden Ergebnisse, die sowohl eine Interpretation im Sinne der Nivellierung der Unterschiede als auch in Richtung zunehmender Differenzierung zugunsten der oberen Sozialschichten bzw. derer mit höherem, gesichertem Einkommen zulassen, sind inzwischen bereits mehr als zehn Jahre alt.

b) Die Differenzierung der Kinderwünsche

Neuere Daten, die auf eine schichtspezifische Änderung generativer Verhaltensweisen hindeuten, liegen z. B. aus der nach amerikanischem Muster angelegten belgischen Nationalenquete vor. Im Rahmen dieser „multi- und interdisziplinären" Studie, wie sie *Cliquet* (1967) bezeichnet, wurde, wie auch in der „Growth of American Families Study" (*Freedman, Whelpton, Campbell,* 1959) gleichfalls den befragten Frauen die Frage nach der von ihnen insgesamt gewünschten (erwarteten) und der unter optimalen Bedingungen für ideal gehaltenen Kinderzahl gestellt. *Morsa* und *Julémont* (1972), die die Daten des ersten Querschnitts von 1966 unter dem Aspekt sozial differenzierter Fruchtbarkeit analysierten, stellten sich, angesichts der ihnen vorliegenden Differenzierung nach Berufsgruppen die Frage: „Voilà qui nous livre l'explication de la courbe en U ou en J qui exprimait la liaison entre anticipations et groupes socio-professionnels" (S. 33). Während sich insgesamt noch das Bild eines U-förmigen Zusammenhanges bot, war für die jüngeren Ehepaare eindeutig die Tendenz zu einem positiven Zusammenhang zwischen der Berufsgruppe des Ehemannes und der gewünschten Kinderzahl festzustellen; ein Zusammenhang, der auch bei der Differenzierung nach dem Schulabschluß und der Höhe des Haushaltsnettoeinkommens deutlich hervortrat, so daß die Autoren eher dazu neigten, die festgestellte schichtspezifische Differenzierung des generativen Verhaltens als J-, denn als U-förmig zu interpretieren.

Sly und *Ricards* (1972) konnten in ihrer Untersuchung des generativen Verhaltens der amerikanischen Elite auf Grund der Angaben aus dem „Who's Who in America" und der „Social Register" von elf Großstädten nicht nur im Vergleich zum Bevölkerungsdurchschnitt (Zensusdaten von 1960) eine höhere Fruchtbarkeit für diese Bevölkerungsgruppe annehmen, sondern auch, beginnend mit den Geburtsjahrgängen 1904—1908, eine zunehmend pronatalistische Haltung feststellen. Das Ergebnis ihrer Analyse nach Alterskohorten zeigte insgesamt einen J-förmigen Kurvenverlauf für die abgeschlossene Fruchtbarkeit der 1963 über 40jährigen Männer, die zur amerikanischen Elite gezählt wurden.

Nehmen wir, wie auch *Mackenroth* (1953, S. 337), eine leitbildprägende Funktion der sozialen Oberschicht im Bereich des generativen Verhaltens an, so wäre nach den Ergebnissen von *Sly* und *Ricards* (1972) nach einem alle Sozialschichten durchlaufenden Geburtenrückgang wieder ein Anstieg der durchschnittlichen Familiengröße zu erwarten; die schichtspezifische Entwicklung des generativen Verhaltens würde im Zeitablauf dann eine Änderung vom L- zum U- zum J-förmigen Zusammenhang zeigen. Ausgehend von dieser Hypothese wären die Untersuchungsergebnisse von *Ware* (1973), die auf Interviews über die ideale Familiengröße mit 2652 verheirateten Frauen, die 1971 in Melbourne lebten, basieren, als Beschreibung einer Bevölkerung im „L"-Stadium einzuordnen, die von *Morsa und Julémont* (1972) analysierten Daten aus Belgien würden dagegen auf einen Übergang vom U- zum J-Stadium hindeuten. Beispiele für Bevölkerungen, die noch vor dem Eintritt in das „L-Stadium" stehen, lassen sich unter den sog. Entwicklungsländern finden; erwähnt sei hier z. B. die Situation in Sierra Leone (West-Afrika) 1969 (*Jürgens, Pohl,* 1971, S. 13).

Die Frage nach der individuell für ideal gehaltenen Kinderzahl, gleichfalls in Anlehnung an die Untersuchung von *Freedman, Whelpton, Campbell* (1959), wurde u. a. auch einer Repräsentativstichprobe in der Bundesrepublik 1958 gestellt. Die Antworten auf diese Frage, deren Wert für bevölkerungsprognostische Zwecke nicht unumstritten ist (*Blake,* 1966; *Ryder* und *Westoff,* 1969, 1971), können jedoch als ein Indikator pronatalistischer Einstellung dienen (*Ware,* 1973). *Schwarz* (1964 a) weist darauf hin, daß die Ergebnisse dieser vom *DIVO*-Institut durchgeführten und von *Freedman, Baumert* und *Bolte* (1960) ausgewerteten Befragung — soweit vergleichbar — sich weitgehend mit denen des Mikrozensus von 1962 decken.

Fürstenberg (1972, S. 44) stellt auf der Basis dieser Ergebnisse fest, daß die alten generativen Verhaltensweisen der Bevölkerungsgruppen nicht mehr allgemein gültig seien, daß die Vorstellungen über die wünschbare und zu verwirklichende Kinderzahl sich auf die Zweikinderehe als Normfall vereinheitlichen und daß sich hierbei keine besonders ausgeprägten Unterschiede zwischen den verschiedenen Bevölkerungsgruppen zeigen. Die drei Autoren interpretieren hingegen die von ihnen festgestellten Unterschiede gruppenspezifischen Verhaltens folgenderweise: „Although the variation is within a limited range, some of the differences between major population groups are large enough to result in significant growth differentials, if they persist. They are indicative of different values about family size in different strata of the German population" (S. 144).

Jedoch nicht der Ortsgrößenklasse des Wohnorts, auch nicht der Konfessionszugehörigkeit, obwohl beide Faktoren (noch) eine deutliche Beziehung zum generativen Verhalten aufweisen, messen die drei Autoren für den weiteren Verlauf des Bevölkerungsprozesses wesentliche Bedeutung zu, sondern den Indikatoren der Soziallage und der Erwerbstätigkeit der Frau. *Fürstenberg* (1972), der diese Ergebnisse im Sinne einer Tendenz zur Nivellierung der gruppenspezifischen Unterschiede interpretiert, weist darauf hin, daß sich auch die Unterschiede der Kinderwünsche nach der Berufstellung, dem Erziehungs- und Einkommensniveau nur zwischen durchschnittlich 2,4 und 2,9 Kindern bewegen (S. 44).

Freedman, Baumert und *Bolte* (1960) stellten bei einem Vergleich der Angaben über und unter 45jähriger fest, daß in der jüngeren Generation gerade diejenigen Bevölkerungsgruppen, nämlich Abiturienten und Angehörige der Oberschicht (professionals), die meisten Kinder bevorzugen, die in der älteren die wenigsten hatten. Dieses Ergebnis, das mit dem der Untersuchung von *Freedman, Whelpton, Campbell* (1959) übereinstimmt, interpretierten die Autoren als Ausdruck der Einstellungsänderung dieser Bevölkerungsgruppe, so daß der insgesamt U-förmige Zusammenhang zwischen Soziallage und Kinderwunsch eher in folgender Weise zu interpretieren wäre (S. 148):

„Such a change toward larger families for the professional group is consistent with the speculation that as family limitation spreads through a population higher status groups are more likely to choose to have larger families while lower status groups may limit family size more rigidly in order to conserve resources to win for themselves and their children the higher standard of living to which they aspire along with other members of the population. The continuing higher fertility values of the very lowest urban occupational group may simply reflect a lag in the spread of family limitation ideas."

Insgesamt betrachteten die 1958 Befragten 1 bis 3 Kinder zu 88 % als ideal für eine Durchschnittsfamilie und zu 79 % als ideal für die eigene Familie. Gegliedert nach Bevölkerungsgruppen bewegten sich die Kinderwünsche bei mindestens 70 % aller Gruppen innerhalb dieser Grenzen, Abweichungen von der durchschnittlich für ideal gehaltenen Kinderzahl (2,6) betrugen bei den unter 45jährigen maximal 0,4 Kinder, differenziert nach dem Schulabschluß wünschten Abiturienten im Durchschnitt 0,1 Kind mehr, Mittelschulabsolventen 0,1 Kind weniger als Befragte mit Volksschulabschluß (2,6).

Ob diese Unterschiede nun groß oder klein sind, ist eine Frage der Bewertungskriterien; statistisch signifikant sind sie nicht. Geht man jedoch von der einzelnen Familie oder vom Gesamtbevölkerungsprozeß aus, so gewinnt die Frage, ob 1, 2 oder 3 Kinder geboren werden, an Bedeutung. *Wurzbacher* und *Kipp* (1964) stellten in ihrer Untersuchung „Ehe und Elternschaft" die Frage nach der Belastung eines Haushalts mit drei kleinen Kindern; 7 % der Befragten hielten das für „eine kaum zu leistende Belastung", 50 % betrachteten es als „eine sehr schwere Arbeit".

c) Die makrosoziologische Bedeutung der Differenzierung

Übertragen wir an Hand der Daten von *Freedman, Baumert, Bolte* (1960) die durchschnittlich ideale Kinderzahl der Abiturienten auf die Gruppe derer mit Volksschulabschluß, so steigt — ceteris paribus — der Gesamtdurchschnittswert um 0,1 auf 2,7 Kinder, ein Wert, der unter Konstanthaltung der Ideale von Volks- und Mittelschulabsolventen erst bei einer idealen Kinderzahl der Abiturienten von 5,9 erreichbar wäre. Eine Änderung des Gesamtdurchschnittswerts um − 0,1 würde allein durch die Abiturienten völligen Verzicht auf Kinder voraussetzen, während eine Übernahme des Mittelschüler-Ideals durch die Volksschulabsolventen — ceteris paribus — den gleichen Effekt hätte.

Als weiteres Beispiel für die demographische Bedeutung einer durchschnittlichen Änderung von weniger als 0,1 Kindern mag ein Vergleich altersspezifischer Fruchtbarkeitsziffern von 1964 und 1967 dienen. Die Zahl der Lebendgeborenen auf 1000 Frauen unter 45 Jahren lag 1967 nur um rund 2 % unter dem Wert von 1964, je Frau bedeutete das einen Rückgang um 0,0592 Kinder; im gleichen Zeitraum sank jedoch die Geburtenrate von 18,2 auf 17,0, und dem weiteren Rückgang der Geburtenrate

auf 14,8 für 1969 stand im Durchschnitt ‚nur' ein Rückgang der Gebärleistung je unter 45jähriger Frau von 0,2750 gegenüber (StJB 1972).
Nach Angaben von *Linke* und *Rückert* (1973) war der Geburtenrückgang um insgesamt 7,2 % von 1965 auf 1968 zu 26 % aus der Änderung des Bevölkerungsaufbaus erklärbar; dagegen konnte diese Erklärung für den weiteren Rückgang der Geburtenzahlen von 1970 bis 1972 um weitere 13,8 % nur noch 7 % zur Aufklärung beitragen, und die restlichen 93 % waren auf Änderungen der altersspezifischen Fruchtbarkeitsziffern, d. h. auf Änderungen des generativen Verhaltens zurückzuführen.
Sowohl die Analyse der Mikrozensusergebnisse von 1962 als auch die Ergebnisse der Repräsentativumfrage 1958 deuten im Zusammenhang mit den Ergebnissen aus anderen Industrieländern darauf hin, daß sich die soziale Differenzierung des generativen Verhaltens in der Bundesrepublik im Übergang vom U- zum J-Stadium befindet. Für die Bevölkerungsentwicklung insgesamt würde dieses einen Rückgang der Geburtenzahlen bedeuten — wie er auch seit 1964 zu beobachten ist.
Diese Feststellung allein sagt jedoch nur wenig über den weiteren zahlenmäßigen Entwicklungsverlauf aus; und gerade hierin liegt die Schwierigkeit der Bevölkerungsvorausschätzung. 1969 lagen nicht nur die Heiratsziffern lediger Frauen zwischen 22 und 30 Jahren unter den entsprechenden Werten von 1961, sondern auch die altersspezifischen Fruchtbarkeitsziffern über 22jähriger sowie die Erwerbsquoten unter 30jähriger Frauen waren geringer geworden (StJB 1972 und 1965). Von den 15- bis 30jährigen Frauen waren 1970 noch 26 % in der Ausbildung, 25 % waren weder in der Ausbildung noch erwerbstätig, so daß sich ein Verhältnis von Ausbildung zu Beruf zu Familie von 1 : 2,19 : 0,94 für 1970 ergibt (nach Umrechnung der Daten der amtlichen Statistik, StBA 1970).
In den Bevölkerungsvorausschätzungen des Statistischen Bundesamtes wird zwar seit 1971 versucht, den Rückgang der altersspezifischen Fruchtbarkeitsziffern einzukalkulieren. Die Minimum-Schätzung von 1973 geht erst wieder für die Zeit nach 1976 von konstanten Werten aus (*Linke* u. *Rückert,* 1973), jedoch konkrete Anhaltspunkte für diese Annahmen gehen aus den Daten der amtlichen Statistik nicht hervor. Neuere Ergebnisse der empirischen Sozialforschung über das generative Verhalten, über Vorstellungen, Pläne und Wünsche der verschiedenen Bevölkerungsgruppen in diesem Bereich liegen bisher für die Bundesrepublik nicht vor.

3. Die Dimensionen des generativen Verhaltens

Unabhängig von historischen und sozialen Aspekten läßt sich — in Anlehnung an *Mackenroth* (1953) — das generative Verhalten des Menschen durch drei Dimensionen bestimmen, wobei jeder, vom individuellen Verhalten her gesehen, jeweils ein Bereich für die Gestaltung des generativen Verhaltens zuzuordnen ist.
Daraus ergibt sich das folgende Schema:

Dimensionen des generativen Verhaltens	Vom Individuum her gesehene Bereiche der Gestaltung seines generativen Verhaltens
Der physiologische Rahmen	— Das biologische Können
Der sozial-institutionelle Rahmen	— Das soziale Dürfen
Der Bereich der individuellen Lebensgestaltung	— Das persönliche Wollen

Der weiteste Rahmen, der dem generativen Verhalten gesteckt ist, ist der physiologische. Dieser Rahmen, der dem Menschen wie dem Tier in gleicher Weise auf Grund biologischer Faktoren gegeben ist, kann nicht durch Willensentscheidungen des einzelnen oder einer Bevölkerung überschritten werden.

Doch trotz seiner Starre ist dieser physiologische Rahmen im allgemeinen für die menschliche Fruchtbarkeit nur von wenig Belang. Bei voller Ausnutzung der gegebenen Möglichkeiten könnte eine Frau im fruchtbaren Alter vom 15. bis zum 45. oder 50. Lebensjahr etwa 15 bis 20 Geburten haben; Einzelfälle zeigen, daß so etwas durchaus möglich ist. In der Praxis wird jedoch dieser physiologische Rahmen auch nicht annähernd in seinen Möglichkeiten ausgenutzt, sondern es können sich in ihm sehr unterschiedliche Formen generativen Verhaltens mit entsprechend unterschiedlichen Fruchtbarkeitsraten entwickeln. In modernen Industrienationen wird nur etwa ein Zehntel der potentiellen Fruchtbarkeit genutzt, und die Entscheidung über diese Vermehrungsrate ist damit weniger im biologischen als im sozialen Bereich begründet.

Innerhalb des weiten Rahmens der Physiologie spannt sich als zweiter der sozialinstitutionelle Rahmen; in diesen ist alles das zu rechnen, was von kirchlichreligiöser oder außerkirchlicher Sexualethik für das generative Verhalten bestimmend wirkt. Dazu gehören sowohl die fruchtbarkeitsfördernden Maßnahmen („seid fruchtbar und mehret euch") als auch Haltungen, die alles Biologische und auch die Fruchtbarkeit verneinen oder gleichgültig behandeln.

An zweiter Stelle wären Fragen der Familienverfassung zu nennen, die ebenso besonders auch im Zusammenhang mit der wirtschafts- und sozialgeschichtlichen Entwicklung für das generative Verhalten rahmensetzend wirken, und schließlich sind kurzfristig sich wandelnde, aber mit erheblicher Kraft wirksame „Normvorstellungen" als sozial-institutionell wirksam anzusehen. Beispiele wie die Ablehnung großer Familien in der Öffentlichkeit, „man hat nicht soviel Kinder", Vokabeln wie „exzessive Fruchtbarkeit", „asoziale Großfamilie" ebenso wie der Versuch einer Umdefinierung zu „Vollfamilien" können dafür sprechen.

Während der sozial-institutionelle Rahmen in der vorindustriellen Gesellschaft Europas das generative Verhalten der Bevölkerung weitgehend beherrschte, verliert er gegenwärtig zunehmend an Bedeutung. Die Betonung der Rechte des Individuums, gleichzeitig die Emanzipation der Bevölkerung und die Loslösung von herkömmlichen regelsetzenden Institutionen wirken dahin, daß ein früher kaum erwähnenswerter dritter Rahmen jetzt zunehmend an Bedeutung gewinnt: der Bereich der individuellen Lebensgestaltung und Entscheidung. Die Frage, wieviele Kinder ein Ehepaar erzeugt, ist nicht mehr — oder nur noch wenig — vorgegeben von Entscheidungsinstanzen, die außerhalb dieses engsten Rahmens liegen. Der individuelle Lebensplan des einzelnen und des Paares spielen die entscheidende Rolle. Ein Zusammenstoß mit dem sozialinstitutionellen Rahmen kommt praktisch kaum vor. Ein Kontakt mit dem physiologischen Rahmen findet hinsichtlich der Ausdehnung der Fruchtbarkeit nicht mehr statt, er ist nur noch festzustellen, wenn die Fruchtbarkeit pathologisch eingeschränkt ist.

Die Faktoren, die den Bereich der individuellen Entscheidung bestimmen, sind noch weitgehend ungeklärt. Zahlreiche Hypothesen bieten sich an, so die Annahme, daß die Aufwandsnorm und die Aufwandskonkurrenz zwischen den Familien erhebliche Auswirkungen auf die Kinderzahl haben, wobei die Zahl der Kinder, sofern sie sich in gewissen herkömmlichen Grenzen hält, sozial indifferent erscheint, der Aufwand für das vorhandene Kind aber stark konventionell gebunden ist. Auch Krisenerlebnisse bzw. die Verarbeitung solcher Erlebnisse und ihre Ausstrahlung in den generativen Bereich werden hier eine Rolle spielen. Während sich früher eine Krise im wesentlichen auf die Heiratsziffern auswirkte, ist sie heute in ihrer Auswirkung vorwiegend nur noch im Bereich der Geburtenziffern zu registrieren. Auf diesen Zusammenhang weist nicht nur die Analyse, wie sie z. B. von *Thomas* (1925) für England durchgeführt wurde, hin, auch im gegenwärtigen Altersaufbau der Bevölkerung der Bundesrepublik wird diese Beziehung deutlich: Sowohl im I. Weltkrieg als auch während der Weltwirtschaftskrise 1930–1932 sowie auch Ende des II. Weltkriegs war ein deutlicher Rückgang der Geburtenzahlen zu verzeichnen.

a) Der physiologische Rahmen
Während das Problem der biologischen Obergrenze der Fruchtbarkeit für das generative Verhalten heute ohne Belang ist, gewinnt die Einschränkung an der unteren Grenze zunehmend an Bedeutung durch freiwillige oder auch pathologische Einschränkung oder völlige Aufhebung der Fruchtbarkeit eines Individuums. Hierzu gehört sowohl angeborene oder auf verschiedener Basis erworbene Sterilität wie auch der von Altersfaktoren ausgehende Einfluß auf die Fruchtbarkeit und schließlich im Grenzbereich zwischen Biologie und Soziologie die bewußte Einschränkung der Vermehrung als präventive Maßnahme, z. B. bei gesundheitlichen Beeinträchtigungen der Frau.
Freedman, Whelpton, Campbell (1959) und *Whelpton, Campbell, Patterson* (1966) konnten u. a. für die amerikanische Bevölkerung feststellen, daß die Fruchtbarkeit der Ehen mit zunehmendem Alter der Frau und ansteigender Kinderzahl stark abnimmt. Von den 35- bis 39jährigen Frauen gaben in der Untersuchung von *Freedman* et al. (1959) nur 47 % der Befragten an, daß sie uneingeschränkt von physiologischen Faktoren noch weitere Kinder bekommen könnten; der Vergleichswert für die Gruppe 18- bis 24jähriger Frauen lag dagegen bei 91 %. In der Untersuchung von *Whelpton* et al. (1966) ergaben sich für diese beiden Altersgruppen 87 % bzw. 53 %; von den kinderlosen Ehepaaren war in der Gruppe der 18- bis 24jährigen nur 1/6 in seiner Fruchtbarkeit eingeschränkt gegenüber 4/5 in der Gruppe der 35- bis 39jährigen Frauen. Weiterhin ist zu berücksichtigen, daß ca. 12 bis 14 % aller Schwangerschaften aus physiologischen Gründen nicht mit einer Lebendgeburt enden (Schätzungen von *Kiser, Grabill, Campbell*, 1968) und daß dieser Anteil insbesondere mit dem Alter und auch der Anzahl der Schwangerschaften einer Frau zunimmt.
Da auf Grund der sozialen Differenzierungen des generativen Verhaltens mit zunehmendem Emanzipationsgrad der Individuen ein Anstieg des Alters der Frau bei Geburt des ersten Kindes nicht ausgeschlossen scheint, könnten im Zusammenhang mit den physiologischen Grenzen der Fruchtbarkeit und steigender Zuverlässigkeit der Familienplanungs-Praxis diese Faktoren nicht nur insgesamt dazu führen, daß das jeweilige Planungsziel nicht überschritten, sondern häufig sogar unterschritten wird.
Auf einige der demographischen und sozialen Konsequenzen, die sich aus der Situation einer Bevölkerung „perfekter Familienplaner" ergeben könnten, weist *Driver* (1972) hin. Unabhängig von einer zu erwartenden Verschiebung der Altersstruktur und Sexualproportion einer solchen Bevölkerung wäre ein Rückgang der

zur Adoption freigegebenen Kinder sowie ein planbarer Generationenabstand denkbar.

b) Der sozial-institutionelle Rahmen

Der sozial-institutionelle Bereich hat zur Beeinflussung des generativen Verhaltens einer Industriebevölkerung heute praktisch nur drei Ansatzpunkte: Die Einflußnahme durch den Gesetzgeber, Maßnahmen der staatlichen Bevölkerungs- und Familienpolitik und die Einstellung der Konfessionen zu diesem Thema.

Bei den Einflußmöglichkeiten des Gesetzgebers handelt es sich im wesentlichen um gesetzliche Regelungen zu Fragen der Verbreitung von Hilfsmitteln und Informationen der Geburtenkontrolle und zur Frage des Schwangerschaftsabbruchs. Während noch vor wenigen Jahrzehnten die Geburtenkontrolle in der Bundesrepublik in einer wenig günstigen Situation stand (*Harmsen,* 1963), Hilfsmittel der Geburtenkontrolle wurden nach § 184 des Strafgesetzbuches mit anderen „Gegenständen, die zu unzüchtigem Gebrauch bestimmt sind", zusammengefaßt, hat sich in den letzten Jahren die Situation weitgehend geändert, wofür nicht zuletzt die im Auftrag des Bundesministeriums für Jugend, Familie und Gesundheit herausgegebenen Broschüren zu Fragen der Familienplanung sprechen. Es ist jedoch damit zu rechnen, daß die frühere Behandlung der Geburtenkontrolle durch den Gesetzgeber und gleichzeitig die unzureichende Aufklärung der Bevölkerung über Fragen der Geburtenkontrolle bis heute Auswirkungen zeigen, die zum Teil auf schichten- und gruppenspezifischer Ausnutzung der institutionell gewährten Freiheitsgrade basieren.

Die durch den Gesetzgeber geregelte Frage des Schwangerschaftsabbruchs hat gleichfalls auf das generative Verhalten einen gewissen Einfluß; denn da die Geburtenkontrollmaßnahmen aus unterschiedlichen Gründen nicht durchweg angewandt oder erfolgreich angewandt werden, stellt der Abbruch einer Schwangerschaft die letzte Korrekturmöglichkeit dar, um die Geburt eines Kindes zu verhindern. Die Bewertung des Schwangerschaftsabbruchs durch die Gesellschaft und ihre Organe weist regional und im zeitlichen Verlauf große Unterschiede auf. Während z. B. in Japan Abtreibung als legitimes Mittel der Geburtenkontrolle angesehen wird, steht der Gesetzgeber z. B. in der Bundesrepublik (noch) auf einem diametral entgegengesetzten Standpunkt. Die Bevölkerung in der Bundesrepublik wiederum scheint nach zahlreichen Berichten in der Praxis die Regelung ihrer sozialordnenden Instanzen zu unterlaufen und die Abtreibung zu praktizieren. Erfahrungen der Vergangenheit, insbesondere in den Jahren nach 1933, zeigen, daß sich die unterschiedliche Handhabung des § 218 StGB durchaus auf die Fruchtbarkeit auswirken kann, so daß hier tatsächlich ein beträchtlicher Einfluß des sozial-institutionellen Bereichs auf das generative Verhalten der Bevölkerung vorliegt. Die Haltung des Gesetzgebers zu diesem Punkt wirkt sich theoretisch geburtenfördernd, in der Praxis jedoch eher geburtenmindernd aus.

Während die im vorangehenden Abschnitt erwähnten staatlichen Maßnahmen teils eher geburtenfördernd wirken, so ist auf der anderen Seite festzustellen, daß sie nicht oder nicht primär aus diesen Gründen konzipiert wurden. Bei einer anderen Gruppe von Maßnahmen, und zwar denen der staatlichen Bevölkerungs- und Familienpolitik, liegt der direkte Bezug zum generativen Verhalten auf der Hand. Hierzu gehören materielle und ideelle Förderungsmaßnahmen zur Stützung von Ehe und Familie. Insbesondere sind hier die beträchtlichen Summen zu erwähnen, die durch die verschiedenen Maßnahmen des Familienlastenausgleichs — durch Steuern, Kindergelder und materielle Vergünstigungen — gewährt werden. Alle diese Maßnahmen haben in der Bundesrepublik seit jeher geburtenfördernden Charakter.

Die beiden großen Konfessionen in der Bundesrepublik nehmen in unterschiedlicher Weise Einfluß auf die Gestaltung des generativen Verhaltens der Bevölkerung: die protestantischen Kirchen stellen sich zur Frage des generativen Verhaltens weitgehend indifferent; die katholische Kirche dagegen wendet sich zwar nicht gegen das Konzept, jedoch gegen die Mehrzahl der praktischen Methoden der Geburtenkontrolle und wirkt auf diesem Wege ähnlich wie die beschränkenden Maßnahmen des Gesetzgebers auf diesem Gebiet geburtenfördernd.

Wenn wir die Einflußnahmen des sozial-institutionellen Bereichs auf das Fruchtbarkeitsverhalten der Bevölkerung zusammenfassen, dann läßt sich für die Gegenwart feststellen, daß sich hier praktisch alle Maßnahmen — ganz gleich, ob geplant oder unfreiwillig — auf eine Förderung der Fruchtbarkeit der Bevölkerung auswirken. Auf der anderen Seite ist jedoch festzustellen, daß alle diese Maßnahmen nur noch eine Teilwirksamkeit haben und in der Praxis in ihrer Bedeutung zunehmend zurücktreten. Es gibt keinen Bürger in der Bundesrepublik, der nicht Zugang zu Möglichkeiten der Geburtenkontrolle hätte oder dem die staatlichen Förderungen der Ehe und Familie verwehrt würden; insofern sind alle gleichgestellt. Auf der anderen Seite zeigt sich aber, daß der Zugang zu Information und technischen Hilfsmitteln keineswegs in der Bevölkerung gleichmäßig verteilt ist. Es bestehen ebenso regionale wie soziale und Bildungsdifferenzierungen, ähnlich wie auch die konfessionellen Einflüsse auf das generative Verhalten sehr unterschiedlich akzeptiert und in die Praxis umgesetzt werden.

c) Der Bereich der individuellen Lebensgestaltung

Während sich der physiologische Rahmen in der geschichtlichen Entwicklung nur wenig änderte, ist das Verhältnis von sozial-institutionellem und individuellem Bereich im Zuge des mit der Industrialisierung verbundenen sozialen Wandels stark verändert worden; während früher das generative Verhalten im wesentlichen eine Funktion der sozial-institutionellen Faktoren war und das individuelle Wollen daneben nur eine untergeordnete Rolle spielte, hat sich dieses Verhältnis im Verlauf der Zeit genau umgekehrt. Es ist daher notwendig, den Bereich der individuellen Lebensgestaltung, der für das generative Verhalten des heutigen Menschen in einer Industriegesellschaft eindeutig bestimmend ist, besonders ausführlich zu untersuchen.

Wenn wir in diesem Zusammenhang von generativem Verhalten sprechen, dann sind die beiden äußeren Rahmensetzungen, die physiologische und die sozial-institutionelle, in ihrer direkten Wirkung ausgeschaltet, und es interessiert primär der Bereich von Faktoren, der die effektive Fruchtbarkeit gestaltet. Unter Fruchtbarkeit ist somit nicht die Fähigkeit, Kinder zu erzeugen im Sinne einer körperlichen Eigenschaft (Fecundität) zu verstehen, sondern die Erzeugung von Nachwuchs, also ein Vorgang (Fertilität).

Eine Untersuchung des generativen Verhaltens unter sozio-demographischem Aspekt kann sich daher nicht darauf beschränken, die effektive Fruchtbarkeit nur zu messen; viel wichtiger ist dagegen die Aufklärung von Zusammenhängen. Dabei stoßen wir auf das Problem der kausalen Erklärung, das nicht nur beim generativen, sondern bei allen Phänomenen menschlichen Verhaltens eine wesentliche Rolle spielt. Gerade in dem von uns bearbeiteten Bereich sind Scheinkausalitäten immer wieder diskutiert worden. Ein besonders treffendes Beispiel ist die jüngste Diskussion um den Geburtenrückgang in der Bundesrepublik. Die öffentliche, insbesondere auch die veröffentlichte Meinung, tendiert zu der Annahme, daß „die Pille", d. h. die Einführung der oralen Kontrazeptiva, den Geburtenrückgang verursacht hätte. Die Tatsache, daß zwei Phänomene, einerseits der Geburtenrückgang, andererseits die zunehmende Verbreitung der Pille als Verhütungsmittel, gleichzeitig auftraten, führte also zu der Vermutung eines kausalen Zusammenhanges. Wenn überhaupt eine Beziehung zwischen beiden Phänomenen bestünde, dann könnte sie jedoch nur in der Weise denkbar sein, daß die Bevölkerung grundsätzlich auf eine Verminderung der Fruchtbarkeit bedacht ist und dieses Ziel wegen der geringen Wirksamkeit der bisherigen kontrazeptiven Maßnahmen nicht realisieren konnte. Erst die Entwicklung eines wesentlich zuverlässigeren Instruments, eben der Pille, ließ jetzt die Realisierung der vorhandenen antinatalistischen Haltung zu. Ursache für den Geburtenrückgang wäre — wenn diese Annahme zu Recht bestünde — die geburtenfeindliche Haltung der Bevölkerung, die in den oralen Kontrazeptiva ein Instrument fände, nicht aber das Instrument selbst. Die Pille ist hier gewissermaßen nur eine Bedingung, die eine bereits getroffene Entscheidung zur Realisierung bringt.

Da sich heute kaum eine Familie ohne jede Reflexion und planlos bis an die Grenze der physiologischen Möglichkeiten vermehrt, ist anzunehmen, daß zur Gestaltung des generativen Verhaltens gewisse Entscheidungen fallen. Diese wiederum orientieren sich an bestimmten Gegebenheiten der Lebensumwelt, die wir als Bedingungen zusammenfassen können.

Die logische Folge der Phänomene, die das generative Verhalten bestimmen, muß also die „Bedingungen" an den Anfang stellen. Hierzu gehören Bedingungen, die in der Person begründet sind, in der Partnerkombination, in der sozialen und ökonomischen Situation sowie in einer Reihe von anderen Bereichen. Zu den Bedingungen zählt auch die mehr oder weniger starke Integration der Ehepartner in das System von Maximen, die von sozial-institutioneller Seite, sei es Staat, Kirche oder anderen Organisationen, gegeben werden.

Auf der Basis der Bedingungen und durch sie stetig beeinflußt, vollzieht sich der Entscheidungsprozeß im generativen Verhalten, der nicht nur die Kinderzahl, sondern auch u. U. ihre zeitliche Anordnung (spacing) und die Wahl der Mittel zur Realisierung des Ziels beinhaltet. Die Eingriffe von sozial-institutioneller Seite sind stark zurückgetreten, und die Entscheidung des Individuums bzw. des Paares ist hinsichtlich seines generativen Verhaltens damit theoretisch völlig frei. Die Bedingungen, die der Entscheidung zugrunde liegen, werden daher auch nicht in irgendeiner Weise kontrolliert oder bewertet; sie können von Fall zu Fall, objektiv gesehen, von sehr unterschiedlicher Qualität sein. Es ist dabei durchaus möglich, daß bestimmte Phänomene von den Betroffenen gar nicht registriert und gedanklich integriert werden, daß andere Phänomene objektiv kaum begründbare Wertsetzungen erfahren, daß bewußte und nicht in das Bewußtsein getretene Erscheinungen in gleicher Weise am Entscheidungsprozeß mitwirken. Der Freiraum der Entscheidungsmöglichkeiten schließt auch ein, daß objektiv völlig falsche Wirklichkeitsvorstellungen Grundlage von Entscheidungen werden.

Von den getroffenen Entscheidungen, die sich ebenso wie die Bedingungen ändern können, leitet sich die Realisierung des generativen Verhaltens ab. Theoretisch wäre es denkbar, daß eine Entscheidung für ein bestimmtes generatives Verhalten mit seiner Realisierung weitgehend identisch ist. In der Praxis ist das jedoch nicht immer der Fall. Hier greift noch einmal ein anderer Set von Bedingungen ein, der teils aus dem biologischen Bereich stammt (Sterilität, Totgeburten), teils aus den technischen Bedingungen der Geburtenkontrolle resultiert (technisches und menschliches Versagen). In diesem Bereich kann auch noch von der sozial-institutionellen Seite ein Eingriff erfolgen, indem bestimmte Methoden der Geburtenkontrolle, um die es sich hier im wesentlichen handeln wird, bevorzugt, andere ausgeschlossen werden. Insgesamt gesehen ergibt sich somit, daß in der Praxis zwischen einer bestimmten Entscheidung und ihrer Realisierung noch eine ganze Reihe von Faktoren wirksam werden kann; denn es besteht keine zwingende Notwendigkeit, daß eine auf emotionaler oder rationaler Basis getroffene Entscheidung auch zu einer entsprechenden Handlung führt.

Für die praktische Betrachtung des hier dargestellten Wirkungsmechanismus, insbesondere auch für eine Analyse unter bevölkerungspolitischem Aspekt, müssen wir den oben dargestellten Ablauf gewissermaßen auf den Kopf stellen. Ausgangspunkt einer solchen Betrachtung muß die vorhandene Kinderzahl sein, d. h. also die Realisierung der Entscheidungen, oder anders ausgedrückt, die mit den Mitteln der Statistik meßbaren Sachverhalte. Erst von diesem Befund ausgehend ist es möglich, nach dem Entscheidungsprozeß zu fragen. Die zu erfassenden Daten sind dann: die zu erwartende (gewünschte) Kinderzahl der Frauen, die ihre Fruchtbarkeitsperiode noch nicht abgeschlossen haben, und die Kinderzahl, die bei einer Veränderung der gegenwärtig bestehenden Bedingungen bzw. bei (subjektiv) optimaler Gestaltung dieser Bedingungen als wünschenswert angesehen wird (ideale Kinderzahl). Hier ist also gewissermaßen die Schwankungsbreite für künftige Entscheidungen im generativen Bereich bei veränderten Bedingungen zu sehen.

Erst als dritte Stufe der Analyse können die Bedingungen des generativen Verhaltens untersucht werden. Das liegt zum großen Teil darin begründet, daß es sich hierbei zu einem erheblichen Teil um Phänomene handeln kann, die nicht in das Bewußtsein der von ihnen Beeinflußten gedrungen sind oder die zumindest von ihnen nicht verbal ausgedrückt werden können. Vielfach ist es nur möglich, solche Bedingungen indirekt durch die Ermittlung korrelativer Zusammenhänge zu erfassen. Unter den Aspekten einer praktischen Erforschung des gesamten generativen Verhaltens stellt die Analyse der Bedingungen somit das schwierigste Kapitel dar.

Diese Situation könnte den Schluß nahelegen, daß sich Bevölkerungswissenschaftler auf die Untersuchung von Entscheidung und Realisierung beschränken sollten. Diese beiden Bereiche sind jedoch am wenigsten durch bevölkerungspolitische Maßnahmen beeinflußbar. Insbesondere der Weg von der Entscheidung zur Realisierung bietet hierfür wenig Ansatzmöglichkeiten. Aber auch der Entscheidungsprozeß selbst läßt sich bei gleichbleibenden Bedingungen wenig beeinflussen. Der Ansatzpunkt für alle Maßnahmen im bevölkerungspolitischen Bereich — wie auch im Bereich des gesamten gesellschaftspolitischen Handelns — liegt in der Gestaltung der Bedingungen, zumindest des Teils der Bedingungen, der dem Zugriff der gesellschaftlichen Organisationen offen liegt. Es ist daher naheliegend, daß die Bedingungen, obwohl sie am schwierigsten erfaßbar und ihre Wirkung nach einer Veränderung am schlechtesten kontrollierbar sind, dennoch als die entscheidenden Bestimmungsfaktoren der wesentliche Ansatz bevölkerungspolitischen Handelns sein müssen.

Schließlich ist noch zu berücksichtigen, daß es sich bei der Folge Bedingungen — Entscheidung — Realisierung nicht um einen nur in einer Richtung verlaufenden Prozeß handelt, sondern daß hierbei durchaus Rückkoppelungseffekte auftreten können. So kann die Teilrealisierung von gefaßten Entscheidungen bereits zu einer erheblichen Veränderung der Bedingungen führen, die sich wiederum auf die Entscheidung und damit auf die Realisierung auswirkt. Als Beispiel sei der Fall genannt, daß ein junges Paar sich unter Abwägung seiner Wünsche und wirtschaftlichen Möglichkeiten (= Bedingungen) entschließt, drei Kinder zu haben. Nach der Teilrealisierung, d. h. nach der Geburt des ersten Kindes stellt das Ehepaar jedoch fest, daß die Bedingungen, auf deren Basis es zu der Planung von drei Kindern kam, wirklichkeitsfern waren, so daß das Paar auf der Grundlage der praktischen Erfahrung mit dem ersten Kind (= veränderte Bedingungen) zu einer Änderung seiner Entscheidung und damit z. B. zu einer Reduzierung der endgültigen Kinderzahl kommt.

II. Untersuchungsziele

1. Das Gesamtprogramm

Das Ziel dieser Untersuchung ist die Ermittlung der Faktoren, die die Fruchtbarkeit der Bevölkerung der Bundesrepublik beeinflussen. Wir haben bereits dargestellt, daß die Frage der Kinderzahl eines Paares weitgehend von der Entscheidung der Partner abhängt. Wir müssen uns daher bemühen, die Vorstellungen, Pläne und Wünsche der Bevölkerung zu erfassen, denn nur über diesen Weg ist eine Annäherung an die zentrale Frage möglich. Eine weitergehende Analyse wird dann die Frage zu stellen haben, auf welcher Basis und durch welche Einzelfaktoren bestimmte Kinderwünsche und tatsächliche Kinderzahlen der Familien zustande kommen. Hierbei können wir gliedern in die die Fruchtbarkeit beschränkenden Faktoren, wie die wirtschaftliche Situation, Wohnungsprobleme, Erziehungs- und soziale Aufstiegsziele für die Kinder, Lebensunsicherheit und Lebensangst, Bequemlichkeit und zahlreiche weitere Faktoren, die man mit dem Sammelbegriff des „Lebensstils" erfassen könnte. Zu den einschränkenden Faktoren ist auch ein biologischer zu rechnen, die Sterilität und die aus gesundheitlichen Gründen beeinträchtigte Fruchtbarkeit eines oder beider Partner. Hier dürfte es sich in dem betrachteten Gesamtkomplex um den einzigen Fall handeln, in dem biologische Faktoren für die Fruchtbarkeit bestimmend sind. Im allgemeinen wird jedoch die von der Seite der Physiologie gesetzte Grenze nicht annähernd erreicht.

Da wir in unserer Untersuchung nur Ehepaare erfassen, bleiben fruchtbarkeitsbeschränkende Faktoren, die außerhalb dieses sozialen Bereiches liegen, unbeachtet. Hier wäre vor allem die Tatsache zu berücksichtigen, daß aus den verschiedensten Gründen und nicht zuletzt auf Grund des zahlenmäßigen Ungleichgewichts der Geschlechter in unserer Bevölkerung Personen ohne Geschlechtspartner leben und leben müssen bzw. ihren Partner nach kurzer Zeit wieder durch Todesfall oder Scheidung verlieren.

Den die Fruchtbarkeit einschränkenden Faktoren stehen andere gegenüber, die sie ausweiten. Auch hier handelt es sich um eine beträchtliche Vielfalt, aus der wir nur eine Auswahl nennen: die Freude an Kindern, die Ablehnung von Planung im Intimbereich, Hoffnung auf Anerkennung oder Belohnung der generativen Verhaltensweise, Gleichgültigkeit, mangelnde Planungstechnik und schließlich ebenfalls wieder das Bündel von Teilfaktoren, die man als Lebensstil zusammenfassen kann.

Die Aufzählung der die Fruchtbarkeit einschränkenden und ausweitenden Faktoren kann schon darauf hindeuten, daß diese nicht konstant oder auch nur für eine bestimmte Zeit stabil sind. Ebenso wie von Individuum zu Individuum, von Paar zu Paar, von Sozialschicht zu Sozialschicht und von Region zu Region die Vorstellungen, Pläne und Wünsche erheblich variieren können, kann sich im Verlaufe der Zeit bei einem Individuum die Einstellung zu diesen Fragen erheblich ändern. Diese Änderung zu erfassen, ist eine notwendige Aufgabe. Notwendiger ist es jedoch für den prognostizierenden Bevölkerungswissenschaftler, bereits die Änderung vorauszusagen. Auch diese pflegt ja von bestimmten Außenfaktoren abhängig zu sein, wobei im allgemeinen kein direkter Zusammenhang konstruiert werden kann, denn die Außenfaktoren, beispielsweise eine bestimmte wirtschaftliche Situation, werden ja von den Individuen sehr unterschiedlich erlebt. Ein ängstlicher, ein pessimistischer oder auch ein nur fürsorglicher Mensch reagiert auf bestimmte Situationen bereits mit einer Einschränkung der Fruchtbarkeit, während ein anderer diese Situation mangels Ausbildung oder Interesse noch gar nicht wahrgenommen hat. Das sozial-, bildungs-, alters-, regionalspezifische Erleben einer Situation ist ebenso Gegenstand unserer Untersuchung wie die Frage, wie intensiv ein solches Erleben sein muß, um bei den verschiedenen Teilen der Bevölkerung den Schwellenwert zu erreichen, der zu einer Änderung der Planung führt.

Die Kenntnis von Vorstellungen, Plänen und Wünschen der Bevölkerung ebenso wie ihrer Wandelbarkeit ist jedoch von wenig praktischem Wert, wenn man nicht weiß, welche Bedeutung diese Vorhaben für das praktische Verhalten haben. Die Absicht, die Kinderzahl zu beschränken, wird immer dann erfolglos sein, wenn eine Kenntnis der geeigneten Methoden fehlt. Ebenso können Pläne zur Vergrößerung einer Familie durch fortlaufendes Verschieben des Zeitpunktes für die Realisierung des Vorhabens schließlich ohne praktisches Ergebnis bleiben. Wichtig ist also für uns die Frage, wieweit die geäußerten Vorhaben realisiert werden und welche Faktoren hierfür förderlich oder hinderlich sind.

2. Der allgemeine Anlaß der Longitudinal-Untersuchung

a) Verbesserung von Prognosemethoden

Wie eingangs erwähnt, reicht es für die Planung der öffentlichen Hand in einem modernen Industriestaat nicht aus, Ereignisse erst dann in Rechnung zu stellen, wenn sie eingetreten sind; sie müssen vielmehr vorhergesagt werden. Das hierfür gebräuchlichste Vorhersageverfahren, das jedoch den entscheidenden Nachteil hat, jede Abweichung vom Normalen nicht vorhersagen zu können, ist das expost-Verfahren, d. h. die Weiterrechnung mit Faktoren, die aus der Vergangenheit bekannt sind, auf der Basis des Bestandes und der Ereignishäufigkeiten der Vergangenheit. Dieses Verfahren, das also voraussetzt, daß im wesentlichen alles so bleibt, wie es war, ist das in der Welt gebräuchlichste.

Als zweites Verfahren wäre das der Analogieprojektion zu erwähnen. Dieses Verfahren geht davon aus, daß sich Bevölkerungsvorgänge in bestimmten Gesellschaften mit einer gewissen zeitlichen Verzögerung und Abwandlung auch in anderen Gesellschaften vollziehen. Es ist bekannt, daß sich bestimmte soziale und wirtschaftliche Phänomene zunächst in den USA und dann mit bestimmter zeitlicher Verzögerung und in gewisser Abwandlung auch in den westeuropäischen Ländern vollziehen. In gleicher Weise können wir Verhaltensweisen bestimmter Sozialschichten mit zeitlicher Verzögerung von anderen Schichten übernommen finden. Es liegt nahe, diese Erkenntnis auch im bevölkerungsprognostischen Bereich zu verwenden. Aber auch hier bleibt immer die Frage offen, ob und wieweit sich die angenommene Regelhaftigkeit der Analogie bestätigt.

Das dritte Verfahren, dem im Rahmen dieser Untersuchung unsere besondere Aufmerksamkeit gilt, ist das ex-ante-Verfahren, das gewissermaßen aus Zukunftsdaten ableitet, wie sich die nächste Zukunft entwickelt. Wenn wir von den jungen Ehepaaren eines Ehejahrgangs erfahren können, wie die Paare sich die Gestaltung ihres generativen Verhaltens vorstellen, nach wie langer Ehezeit sie ihr erstes Kind haben wollen und wie bald ein zweites und ggf. ein weiteres folgen soll, dann können wir, wenn wir die Zuverlässigkeit der Planung abschätzen können, ohne weiteres aus diesen Zukunftdaten ableiten, wie sich die Fruchtbarkeit dieses Ehejahrganges gestalten wird. Da wir gleichzeitig die Sterblichkeit mit einiger Sicherheit abschätzen können, läßt sich auf dieser Basis auch die gesamte Bevölkerungsentwicklung beurteilen.

Das Bemühen unserer Untersuchung muß also nicht nur dahin gehen, Daten für eine solche ex-ante-Prognose zu beschaffen, sondern gleichzeitig auch zu ermitteln, wieweit diese Vorhaben realisiert werden und welche Faktoren sich in der einen oder anderen Richtung als verändernd erweisen. Schließlich ist auch noch die Frage zu stellen, ob es bestimmte Teile der Bevölkerung gibt, seien es Alters-, Bildungs- oder Sozialschichten, die einen besonders hohen Grad von Rationalisierung ihres generativen Verhaltens aufweisen. Auf diese Weise könnten gleichsam Indikatorgruppen in unserer Bevölkerung ermittelt werden, die im konkreten Fall befragt, eine Prognose für die Gesamtbevölkerung zuließen.

b) Abschätzung der Wirksamkeit bevölkerungspolitischer Maßnahmen

Unter den Faktoren, die die Planung des generativen Verhaltens in einer Familie bestimmen und die sie verändern können, sind bevölkerungspolitische Maßnahmen von besonderem Interesse, denn diese haben ja die spezielle Zielsetzung einer Einflußnahme im Bevölkerungsbereich.

Da wir über die Vorgänge bei der individuellen Planung des generativen Verhaltens so wenig wissen, gehört auch die Bevölkerungspolitik zu den Bereichen politischen Handelns, über deren Wirksamkeit wir nahezu keine Vorstellung haben. Zwar werden immer wieder von Bevölkerungspolitikern spektakuläre Beispiele angeführt, so die Tatsache, daß unter dem Einfluß der massiven pronatalistischen Bevölkerungspolitik des Dritten Reiches die Geburtenziffern nach 1933 anstiegen. Selbstverständlich kann hier ein Zusammenhang bestehen. Nachgewiesen ist er jedoch nicht. Er erscheint sogar fraglich, wenn man daran denkt, daß in der gleichen Zeit ein Land wie Schweden, das keinerlei Bevölkerungspolitik trieb, einen gleichartigen Anstieg der Geburtenziffern aufwies. Eine Erfolgskontrolle ist in diesem Bereich praktisch nicht möglich. Von spektakulären Gegenbeispielen, etwa dem Anstieg der Geburtenziffern in Trinidad und Tobago in den ersten Jahren nach Aufnahme einer permanenten Kampagne der Geburtenkontrollbewegung, soll hier gar nicht gesprochen werden. Sicher ist, daß wir praktisch keine Möglichkeit haben, auch nur annähernd abzuschätzen, wieweit sich die bevölkerungspolitischen Maßnahmen unterschiedlichster Art auf das generative Verhalten der Adressaten dieser Politik auswirken.

Eine longitudinale Untersuchung, die nicht nur zu einem Zeitpunkt die Planung erfaßt, sondern Planung, Realisierung bzw. Modifizierung der Planungen über längere Zeiträume fortlaufend beobachtet, bietet eine Möglichkeit, die Wirksamkeit bevölkerungspolitischer Maßnahmen abzuschätzen, wobei natürlich vorauszusetzen ist, daß diese Maßnahmen überhaupt in das Bewußtsein der Angesprochenen dringen. Es muß daher fraglich bleiben, ob dieser zweite Ansatz unserer Untersuchung im Verlaufe der Longitudinalstudie (im ersten Querschnitt bestehen hierzu ohnehin kaum Möglichkeiten) zu befriedigenden Ergebnissen führt.

3. Der spezielle (akute) Anlaß der Untersuchung

Während die beiden im voranstehenden ausgeführten allgemeinen Anlässe der Untersuchung wissenschaftliche und praktische Fragestellungen von überzeitlicher Bedeutung betreffen, kann als ein spezieller Anlaß der Untersuchung der relativ kurzfristige Geburtenrückgang in der Bundesrepublik seit 1964 angesehen werden. Bei diesem „akuten Anlaß" steht jedoch nicht die Klärung der Ursachen dieses Geburtenrückganges im Vordergrund. Zweifellos kann die vorliegende Untersuchung dazu einen Beitrag liefern und dadurch zur Diskussion der aktuellen Bevölkerungssituation in der Bundesrepublik beitragen. Als akuter Anlaß unserer Untersuchung ist der kurzfristige Geburtenrückgang jedoch vor allem dadurch von Bedeutung, daß hier in jüngster Zeit eine starke Wandlung des generativen Verhaltens aufgetreten ist, deren Auswirkungen in unsere Untersuchung hineinreichen. Eine Bevölkerungssituation mit gleichbleibender Entwicklungstendenz ist gerade hinsichtlich der Planung des generativen Verhaltens und der Frage, welche Widersprüche zwischen Planung und Realisierung auftreten können, viel weniger ergiebig. Da es keineswegs ausgeschlossen ist, daß noch im Verlaufe der Longitudinalstudie eine Wandlung des gegenwärtigen Trends der Fruchtbarkeitsentwicklung auftritt, kann unsere Untersuchung möglicherweise auch noch eine gegenläufige Entwicklung der Fruchtbarkeit einschließlich der sie bedingenden Variablen erfassen. Die vorliegende longitudinale Untersuchung hätte zu keinem günstigeren Zeitpunkt einsetzen können.

III. Untersuchungsmethodik

1. Der Stichprobenplan

Um einen Einblick in das generative Verhalten der Bevölkerung in der Bundesrepublik zu gewinnen, wäre es naheliegend gewesen, diese Frage an einer aus dem ganzen Bundesgebiet gezogenen Stichprobe zu untersuchen. Die finanziellen und personellen Möglichkeiten, die uns zur Verfügung standen, forderten jedoch eine räumliche und damit auch hinsichtlich der Stichprobengröße zahlenmäßige Eingrenzung der Untersuchung. Da eine von uns durchgeführte bundesrepräsentative Untersuchung (*Jürgens,* 1967) gezeigt hat, daß die Verhältnisse in den drei Ländern Hamburg, Schleswig-Holstein und Rheinland-Pfalz eine gute Annäherung an die Gesamtsituation im Bundesgebiet darstellen, beschränkten wir unsere Longitudinalstudie auf diesen Bereich. Auf diese Weise wurde somit ein Stadtstaat, ein Flächenstaat mit überwiegend evangelischer und einer mit vorwiegend römisch-katholischer Bevölkerung in die Untersuchung einbezogen.

Mit Hilfe des Statistischen Bundesamtes und in Zusammenarbeit mit den Statistischen Landesämtern von Schleswig-Holstein, Hamburg und Rheinland-Pfalz wurde eine Stichprobe nach dem Verfahren der eingeschränkten Zufallsauswahl gezogen. Das Ziel war, Familien zu erfassen, die hinsichtlich der Ortsgrößenklasse des Wohnorts, der Konfessions- und der Sozialschichtenzugehörigkeit möglichst repräsentativ sein sollten. Darüber hinaus war für 46 % der Stichprobe eine Quotung nach dem Heiratsdatum und für die restlichen 54 % eine Quotung nach der Kinderzahl vorgesehen. Das Heiratsjahr sollte nicht vor 1954 liegen; die Gesamtzahl der zu befragenden Familien sollte 3000 nicht unterschreiten. Die länderweise Zusammensetzung dieser Stichprobe wurde entsprechend dem Verhältnis der Bevölkerungszahl der drei Bundesländer zueinander geplant.

Die Einordnung des Sozialstatus der Familie erfolgte über die Gliederung nach dem Beruf des Mannes. Dabei wurde eine an dem Sozialprestige orientierte fünfstufige

Schicht-bezeichnung	Bildungsvoraus-setzung	Berufsbeispiel	Anteil der Sozial-schicht in der Bundesrepublik*
A Oberschicht	Universität	Arzt, Regierungsrat	3,1 %
B gehobene Mittelschicht	Abitur, Fachhochschule	Ingenieur, Verwaltungs-inspektor	4,4 %
C Mittelschicht	mittlere Reife	kfm. Angestellter, Handwerksmeister	27,1 %
D gehobene Grundschicht	Volksschulabschluß	Facharbeiter, Beamter des einfachen Dienstes	55,3 %
E Grundschicht	Volksschule nicht abgeschlossen	ungelernter Arbeiter	10,2 %

* Quelle: Familienbericht der Bundesregierung 1968, S. 80

Sozialschichtenskala verwendet, die sich für bevölkerungswissenschaftliche und sozialbiologische Studien als zweckmäßig erwiesen hat (*Jürgens*, 1965).

Da die Sozialschichten A, B und E einen relativ geringen Anteil an der Gesamtbevölkerung haben, wurden diese Gruppen in der Stichprobe bei Wahrung der anderen Quotierungskriterien angereichert, um auch für diese Gruppen hinreichend große Zellenbesetzungen zu gewährleisten.

Zur Abgrenzung der Ortsgrößenklassen wurde gleichfalls entsprechend unserer früheren Untersuchung (*Jürgens*, 1967) folgende Klassifizierung vorgegeben:

Orte mit weniger als 1 000 Einwohnern	= 12,1 %
Orte mit 1 000 bis 5 000 Einwohnern	= 21,0 %
Orte mit 5 000 bis 20 000 Einwohnern	= 17,6 %
Orte mit 20 000 bis 100 000 Einwohnern	= 16,1 %
Orte mit 100 000 bis 500 000 Einwohnern	= 15,0 %
Orte mit über 500 000 Einwohnern	= 18,1 %

Die Quotung der Stichprobe sah im ersten Fall (46 %) jeweils 100 Ehepaare pro Heiratsjahrgang (1954 und später) vor, im anderen Fall (54 %) sollten sich die Familien zu annähernd gleichen Teilen aus solchen mit 0 bzw. 1, 2, 3, 4 und mehr Kindern zusammensetzen, wobei insbesondere bei den jüngeren Ehejahrgängen (noch) kinderlose Ehepaare anzureichern waren. Durch diese Quotung sollte zum einen auch für die relativ seltenen kinderreichen Familien eine hinreichend große Zellenbesetzung gesichert werden, zum anderen durfte auch die Gruppe derer, die sich noch im Anfangsstadium ihrer Familienplanung befanden, nicht zu klein werden.

Zur Bewertung dieses Stichprobenplans ist darauf hinzuweisen, daß die vorgegebenen Abgrenzungsmerkmale für den Zeitpunkt der Auswahl der Familien gelten. Da sich zwischen Auswahl und Befragung sowohl Verschiebungen des Wohnortes als auch der Soziallage und Kinderzahl ergeben konnten, haben wir besonders die Gruppe jungverheirateter kinderloser Ehepaare, hier insbesondere die der oberen Sozialschichten, noch nachträglich durch „freie Interviews" ergänzt, da in dieser Gruppe kurzfristig mit stärkeren Veränderungen zu rechnen war.

2. Der Fragebogen

Aus den in der Literatur und bisherigen Untersuchungen angeschnittenen Themenbereichen ergab sich der erste Entwurf des Fragenkatalogs. Für den Bereich des generativen Verhaltens orientierten sich unsere Fragestellungen insbesondere an denen der bisherigen Longitudinaluntersuchungen in den USA. Eine Reihe von Fragen wurde wörtlich aus diesen Arbeiten übernommen. Eingehende Diskussionen mit Fachkollegen, die auf angrenzenden Gebieten arbeiteten, sowie 63 Probe-Interviews in Schleswig-Holstein führten zu Änderungen in der Formulierung und der Stellung der Fragen im Interview-Bogen sowie zum Ausschluß einiger Fragen, teils weil sie das Interview zeitlich zu stark belasteten, teils weil sie bei diesem ersten Querschnitt zu einem relativ hohen Anteil von Verweigerungen geführt hätten; eine Erfahrung, die wir insbesondere bei detaillierten Fragen zur Methode der Geburtenplanung und -regelung machen mußten. Diese Fragen wurden daher für die weiteren Untersuchungsabschnitte zurückgestellt, so daß die Fragen des ersten Querschnitts sich vorwiegend auf objektiv erfaßbare Tatbestände und allgemeine Verhaltenstendenzen beziehen.

Nach Überprüfung des Fragebogenentwurfs bestand die endgültige Fassung aus einem dreiteiligen Fragebogen. In Teil I wurden die sozio-demographischen Basisdaten der Familie sowie die subjektiven Bewertungen dieser Gegebenheiten erfragt. Teil II, 1 bis 9, enthielt Fragen zur innerfamiliären Situation, Meinungs- und Einstellungsfragen. Teil III, 1 bis 19, war speziell dem Bereich des generativen Verhaltens gewidmet. Ein Exemplar dieser endgültigen Fassung des Fragebogens findet sich am Schluß dieser Arbeit. Die zur Durchführung des Interviews angesetzte Zeit betrug etwa 90 Minuten.

3. Die Durchführung der Befragungen

Als *Zielperson* wurde in den Familien jeweils die Ehefrau gewählt. Für dieses Verfahren sprach zum einen unsere Erfahrung, die bei gleichzeitiger Befragung beider Ehepartner an verschiedenen Orten gemacht werden konnte (je 29 Interviews), zum anderen auch die Tatsache, daß Frauen und Mütter häufiger nicht berufstätig und daher auch tagsüber zu Hause leichter erreichbar sind. Wir konnten feststellen, daß die Ehefrauen sich insgesamt unseren Fragestellungen gegenüber aufgeschlossener zeigten als ihre Männer.

Für die Auswahl weiblicher *Interviewer* sprach das Ergebnis einer der Voruntersuchungen in Schleswig-Holstein, bei der gleichzeitig auch der Fragebogen in seiner End-Version getestet wurde. Je 11 männliche bzw. weibliche Interviewer führten insgesamt 121 Befragungen durch. Es zeigte sich, daß bei gleicher Schulbildung (Studenten) die Verweigerungen, unvollständigen Fragebogen und Schwierigkeiten bei Einzelfragen deutlich höher lagen bei den Interviewern als bei den Interviewerinnen; es erwies sich also als günstiger, die Befragung der Frauen ausschließlich nur von Frauen durchführen zu lassen.

Auf Grund der regionalen Verteilung der Zieladressen war es weiterhin wünschenswert, daß die Interviewerinnen unabhängig von öffentlichen Verkehrsmitteln im Umkreis von etwa 25 km ihres Wohnorts Befragungen durchführen konnten – und zwar sowohl in städtischen als auch ländlichen Gemeinden. Diese Überlegungen führten zu der Wahl der sozialen und Lehrberufe. Mit Unterstützung der Kultusministerien, Schulämter und sozialwissenschaftlichen Hochschulinstitute der drei Bundesländer fanden wir eine Gruppe von 314 geeigneten Interviewerinnen, die im Rahmen ausführlicher Vorbesprechungen in die Technik der Durchführung dieser Interviews eingewiesen und auf die Besonderheiten der Befragung aufmerksam gemacht wurden. Die Tätigkeit der Interviewerinnen wurde im Verlauf der Untersuchung außer durch Kontrolle der Erhebungsbögen auch durch stichprobenmäßige Rückfragen bei den interviewten Familien überprüft.

Um den *Befragungszeitraum* möglichst kurz und die Belastung für die einzelne Interviewerin in vertretbaren Grenzen zu halten, sollte die Anzahl der zu befragenden Familien jeweils 10 möglichst nicht übersteigen. Aus praktischen Gründen ergaben sich jedoch aus der regionalen Verteilung – sowohl der Zieladressen als auch der geeigneten Interviewerinnen – Abweichungen nach oben und nach unten von diesem Richtwert. Für den Befragungszeitraum waren insgesamt vier Monate nach den

Sommer-Schulferien 1969 vorgesehen. Wir gingen dabei davon aus, daß es innerhalb dieses Zeitraums möglich sei, selbst schwer erreichbare Personen, ggf. durch mehrfache Besuche zu interviewen sowie die Anschriften verzogener Familien zu erfragen und das Interview am neuen Wohnort der Familie — ggf. von einer anderen Interviewerin — durchführen zu lassen. Mit Ausnahme einiger Nachzügler-Interviews wurde die Erhebung im Jahre 1969 abgeschlossen.

4. Die Zusammensetzung der Stichprobe

Von den aus den Karteien der amtlichen Statistik erhaltenen Familienadressen führten 90,9 % zu verwertbaren Interviews im Sinne unserer Fragestellung, 2,5 %, vorwiegend Verwitwete oder Geschiedene, waren in Sonderstichproben einzuordnen. 203 Familien konnten nicht interviewt werden, davon 39 auf Grund von Verweigerung, und 164 Familien waren in andere Bundesländer oder auch über die Bundesgrenze ins Ausland verzogen, so daß sie nur mit unverhältnismäßig hohem Zeit- und Kostenaufwand noch erreichbar gewesen wären; 14 der eingegangenen Interviews waren aus anderen Gründen nicht auswertbar. Die endgültige Stichprobe, die in die Auswertung des ersten Querschnitts unter dem Aspekt des generativen Verhaltens einging, umfaßte somit insgesamt 2955 Familien.

Die Verteilung der Stichprobe, gegliedert nach Bundesländern, zeigt folgende Tabelle:

Tab. 1: Verteilung der befragten Familien nach Bundesländern

Bundesland	Anzahl	Relationen zu Hamburg	
		Stichprobe	tatsächliche Bevölkerung
Schleswig-Holstein	1137	1,7	1,0
Hamburg	650	1,0	1,4
Rheinland-Pfalz	1168	1,8	2,0

Gegliedert nach der Konfessionszugehörigkeit der Ehepartner war folgende Verteilung in der Stichprobe im Vergleich zu dem gewichteten Durchschnitt der drei Bundesländer festzustellen:

Tab. 2: Ehen in den untersuchten Bundesländern nach der Konfessionszugehörigkeit der Ehepartner (in %)

Konfessionszugehörigkeit	Stichprobenverteilung	Gew. Durchschnittswerte*	Bundesgebiet insgesamt*
kath./kath.	20	21	35
ev./ev.	56	57	42
ev.-kath. Mischehen	11	10	18
sonstige	13	12	5

* Berechnet nach Angaben der amtl. Statistik, Fachserie A, Heft 20, S. 70

Und nach der Sozialschichtenzugehörigkeit der Familie, bestimmt nach dem Sozialstatus des Mannes, erhielten wir folgende Aufteilung:

Tab. 3: Ehen in den untersuchten Bundesländern nach der Sozialschichtenzugehörigkeit (in %)

Sozialschicht	Stichprobenverteilung	Gew. Durchschnittswerte*	Bundesgebiet insgesamt*
A = Oberschicht	10	6	3
B = gehob. Mittelschicht	17	9	4
C = Mittelschicht	24	33	27
D = gehob. Grundschicht	41	37	55
E = Grundschicht	8	15	10

* Nach *Jürgens* (1967, unveröffentlichtes Material) und 1. Familienbericht der Bundesregierung 1968, S. 80

Gemäß dem Stichprobenplan zeigt unsere Stichprobe hinsichtlich der demographischen Merkmale eine gute Annäherung an die Situation der drei Bundesländer und in bezug auf die soziale Gliederung die erwünschte Überrepräsentation der oberen Sozialschichten. Die gezielte Ergänzung der Stichprobe mit jungverheirateten, noch kinderlosen Ehepaaren der oberen Schichten führte zu einer Anreicherung dieser Gruppe insbesondere in den Eheschließungsjahren nach 1966; die nachfolgenden Tabellen zeigen diesen Zusammenhang.

Tab. 4: Verteilung der sozialen Schichten in unserer Stichprobe nach dem Heiratsdatum (in %)

Sozialschicht	Heiratsdatum				N = 100 %
	vor 1956	1956–1959	1960–1966	nach 1966	
A	15	20	38	27	286
B	21	19	30	31	465
C	27	23	33	17	687
D	28	30	28	13	1158
E	42	28	25	5	221
Insgesamt	743	710	861	503	2817

Tab. 5: Die Anzahl bereits vorhandener Kinder nach der Sozialschichtenzugehörigkeit der Familie (in %)

Vorhandene Kinderzahl	Sozialschicht					Insgesamt
	A	B	C	D	E	
0	20	16	11	7	6	297
1	23	23	22	21	21	623
2	26	28	31	32	31	877
3	21	22	23	24	25	665
4	7	7	8	10	10	258
5 u. m.	3	4	5	6	7	168
N = 100 %	290	491	692	1186	229	2888

5. Die Methode der Datenaufbereitung und Auswertung

Nach Eingang der Interviews wurden diese zunächst auf Vollständigkeit geprüft und ggf. durch Rückfragen bei der jeweiligen Interviewerin ergänzt. Anschließend erfolgte die Kodierung der offenen Fragen, damit die Daten einer jeden Familie auf Lochkarten übertragen werden konnten. Pro Familie wurden insgesamt sechs Lochkarten gestanzt; die auftretenden Signaturen wurden anschließend mit Hilfe eines *ALGOL*-Programms geprüft.

Da die Gesamtgröße des Datenkörpers von annähernd 500 000 Daten die Kernspeicherkapazität der Rechenanlage (Rechenzentrum der Universität Kiel) um ein Vielfaches überstieg, wurde nach Spiegelung der Matrix ihre Auflösung in einzelne Antwort-Vektoren notwendig. Dadurch, daß dabei die Position einer jeden Familie in allen Antwort-Vektoren identisch war, blieb die Querinformation je Familie erhalten. Nach diesen Vorarbeiten waren die gesamten Daten der 2955 Familien auf Magnetbändern in gleicher Reihenfolge nach Fragen gegliedert abrufbereit gespeichert.

Zur Auswertung des Untersuchungsmaterials wurden, außer den Verfahren der beschreibenden Statistik, in erster Linie Verfahren der nicht-parametrischen Schluß- und Prüfstatistik angewandt; denn bei den erhobenen Daten handelt es sich überwiegend um qualitative Variable und um solche, bei denen eine Normalverteilung nicht vorausgesetzt werden kann. Zu letzterem Datentyp gehören z. B. auch Einkommenshöhe, Kinderzahl, Angaben zum Heiratsalter und zu den Geburtenabständen.

Die Zusammenhänge zwischen jeweils zwei Variablen wurden, nach Ausgabe der entsprechenden 2-Weg-Häufigkeitstabellen für die Gesamtstichprobe oder einzelne Untergruppen, über die Chiquadrat-Verteilung und die daran anschließende Berechnung des Kontingenzkoeffizienten (CC_{corr}) nach *Pearson* (*Mittenecker,* 1966, S. 95 f.) auf Signifikanz geprüft und berechnet. Zur Analyse der auf ein Kriterium zusammenwirkenden Einflüsse mehrerer Prädiktoren wurde die multiple Informationsanalyse nach *Dörner (o. J.)* angewandt. Zur statistischen Bearbeitung der Untersuchungsdaten benutzten wir ausschließlich *ALGOL-2*-Programme aus der Programmbibliothek des Interdisziplinären Lehrfachs für Bevölkerungswissenschaft, Kiel.

Als Signifikanz-Niveau wurde für die Extremgruppenanalyse (Kap. IV, 3) des realisierten und des geplanten generativen Verhaltens, durchgeführt an Hand einer Heirats-Kohortenanalyse, ein Irrtumswahrscheinlichkeit von $P = .05$ gesetzt; bei der Analyse von Vorstellungen, Plänen und Wünschen in diesem Bereich können jedoch auch weniger signifikante Ergebnisse im Kontext bereits einen Trend andeuten. Es wurden daher in diesem Untersuchungsabschnitt (Kap. IV, 1 u. 2) auch Ergebnisse mit einer Irrtumswahrscheinlichkeit bis zu $P = .10$ berücksichtigt.

Für die abschließende Hochrechnung der Ergebnisse der Untersuchung im Hinblick auf die Abschätzung der Bedeutung des gruppenspezifisch differenzierten Verhaltens für den Bevölkerungsprozeß insgesamt orientierten wir uns an den Daten der bundesrepräsentativen Untersuchung von *Jürgens* (1967, teils unveröffentlichtes Material). Ein Vergleich mit Angaben der amtlichen Statistik wurde über die Medianwerte dieser Stichprobe durchgeführt.

IV. Untersuchungsergebnisse

1. Vorstellungen, Pläne und Wünsche im generativen Bereich

Um den individuell gesetzten Rahmen des generativen Verhaltens zahlenmäßig abzustecken, fragten wir: „Wieviele Kinder möchten Sie in Ihrem Leben einmal haben?" (Fragebogen: Teil III, Frage 3). Mit dieser Frage nach der Anzahl *gewünschter* (= erwarteter) Kinder wurden Basisdaten für eine ex-ante-Prognose erhoben. Diese haben vorerst jedoch den Charakter von Zielvorstellungen und müssen mit der tatsächlich endgültigen Kinderzahl der jeweiligen Familie nach Abschluß der Fruchtbarkeitsperiode keineswegs identisch sein.

Selbst wenn eine Konstanz des Wunsches bestünde und auch keine Änderung der Bedingungen stattfände, die sich im Bereich des generativen Verhaltens auswirken können, bliebe dennoch ein weiter Bereich von Störungsmöglichkeiten: so u. a. durch physiologische Faktoren, wie Sterilität oder Krankheit eines der Ehepartner. Der zweite Gesichtspunkt, der — ceteris paribus — eine Rolle spielen kann, ist das Versagen der Geburtenkontrolle, wobei die Ursachen dieses Versagens zunächst ohne Bedeutung sind.

Die beiden genannten Störungsfaktoren wirken in entgegengesetzter Richtung. Sterilität oder Gesundheitsstörung würde bedeuten, daß das geplante Fruchtbarkeitsziel nicht erreicht wird, „Fehler" in der Geburtenkontrolle dagegen, daß dieses Ziel überschritten wird. Ziehen wir diese Störfaktoren von den geäußerten Plänen hinsichtlich des Fruchtbarkeitsverhaltens ab, dann haben wir den Bereich, der von den Familien selbst bestimmt wird.

Tab. 6, die auf das gesamte Untersuchungsgut bezogen die Beziehungen zwischen der vorhandenen Kinderzahl und den als realisierbar angesehenen Wünschen (= in der Ehe erwarteten Kinderzahl) darstellt, läßt sich insgesamt am einfachsten interpretieren, wenn wir zunächst die in der Tabelle hervorgehobene Diagonale betrachten. Hieraus geht hervor, daß die vorhandene Kinderzahl mit der jeweils gewünschten sehr eng zusammenhängt. So finden wir den relativ höchsten Prozentsatz von Frauen, die 1 Kind als gesamte Fruchtbarkeitsleistung ihrer Ehe ansehen, unter denen, die bereits 1 Kind haben. Bei allen anderen Familien, ganz gleich ob sie noch keine Kinder haben oder höhere Kinderzahlen, ist der 1-Kind-Wunsch sel-

Tab. 6: Die gewünschte (= in der Ehe erwartete) Kinderzahl nach der Anzahl der bereits vorhandenen Kinder (in %)

Gewünschte (= erwartete) Kinderzahl	Vorhandene Kinderzahl						%
	0	1	2	3	4	5 u. m.	
0	**12,6**	1,3	0,8	1,7	3,1	14,6	3,4
1	5,8	**33,4**	0,6	0,3	1,6	2,9	8,2
2	52,7	51,2	**79,6**	2,9	0,8	5,3	41,6
3	22,1	12,3	15,3	**88,2**	1,9	2,3	30,2
4	5,4	1,8	2,9	5,8	**89,1**	2,9	11,4
5 u. m.	1,4	—	0,8	1,1	3,5	**72,0**	5,2
N = 100 %	294	607	873	659	257	171	2861

tener. Bei Frauen mit 0,1 und 2 Kindern dominiert die Standard-Erwartung von der 2-Kinder-Familie, und erst wenn in der Familie bereits 3, 4 oder mehr Kinder vorhanden sind, steigt der Wert für das generative „Planziel".
Parallel mit der Zunahme der vorhandenen Kinderzahl steigt auch — besonders ausgeprägt bei den Familien, die 5 oder mehr Kinder haben — die Zahl der Frauen an, die mehr Kinder haben als sie eigentlich haben wollten. In Tab. 6 finden wir rechts oberhalb der Diagonalen den Bereich, in dem solche Fehlplanungen verzeichnet sind. Links dagegen Wunschprojektionen in die Zukunft, die also Grundlagen für eine ex-ante-Prognose liefern können.
Als besonders auffälliger Befund in Tab. 6 ist das Wunschprogramm der Frauen, die noch keine Kinder haben, im Verhältnis zu den anderen zu bezeichnen. Es fällt auf, daß bei diesen Frauen der Anteil von 3-Kinder- und 4-Kinder-Wünschen vergleichsweise hoch ist. Er sinkt dann bei den Frauen, die das erste Kind bereits haben, deutlich ab. Dieser Zusammenhang läßt vermuten, daß die praktischen Erfahrungen mit dem ersten Kind zu dieser Reduktion der zukünftigen Kinderwünsche führen. Auch die Untersuchung von *Freedman* et al. (1959) zeigt eine ähnliche Depression des Kinderwunsches: Während junge Frauen vor der Eheschließung 3,1 Kinder wünschten, war der Wunsch bei Frauen ein Jahr nach der Geburt des ersten Kindes auf 2,6 gesunken. Später stieg er dann wieder auf über 3 an. Auf Grund dieser Beziehung ist für eine Vorausschätzung der Fruchtbarkeitsentwicklung nicht nur zu fragen, wieviel Kinder eine Frau für ihr Leben wünscht und erwartet, um ggf. diese Wünsche sozial und regional zu differenzieren, sondern als wesentlicher Faktor ist die bereits vorhandene Kinderzahl stets mit zu berücksichtigen. Würde sich unsere Untersuchung auf die Frauen ohne Kinder beschränken, würde die Erwartung der zukünftigen Fruchtbarkeit dieser Gruppe zu hoch eingeschätzt werden; eine Beschränkung auf Frauen, die erst 1 Kind haben, könnte dagegen einen zu niedrigen Wert ergeben.
Ein wesentlicher Grund dafür, daß die Frage der *Geburtenkontrolle* noch nicht in das Programm des ersten Querschnitts dieser Longitudinalstudie gehört, liegt in den Ergebnissen der pilot-studies. Der Versuch einer genaueren Exploration dieses Bereiches brachte eine Häufung von Antwortverweigerungen, so daß dieser Komplex auf einen späteren Querschnitt verschoben werden mußte. Als einziger Anhaltspunkt in diesem Bereich kann die Frage: „Was halten Sie von der Anti-Baby-Pille" (III, 19) dienen.
Die Beschränkung auf diese eine Methode der Konzeptionsverhütung erschien insoweit sinnvoll, als die oralen Antikonzeptiva nicht nur die mit Abstand sichersten und zuverlässigsten Mittel der Geburtenbeschränkung sind, sondern auch die bekanntesten; hinzu kommt, daß gerade die jüngste Diskussion um den Geburtenrückgang der „Pille" regelmäßig eine besondere Bedeutung zumißt und daß in Verkennung der Kategorien Ursache und Bedingung vielfach von einem „Pillenknick" der Geburtenkurve gesprochen wird.
Es ging aber nicht nur um die Abschätzung der Bedeutung der oralen Antikonzeptiva ganz allgemein, sondern in diesem speziellen Fall kann die Differenzierung der Einstellung der befragten Frauen zur „Pille" Aussagen über die zu erwartenden Störungen (im Sinne von Überschreitungen) des generativen Lebensplanes zulassen.
Die Antworten, die wir im Rahmen der Interviews auf die offen gestellte Frage nach der Beurteilung der Antibaby-Pille erhalten haben, ließen sich nicht nur in negative

und positive Äußerungen, sondern darüber hinaus auch hinsichtlich der Begründung dieser Stellungnahme, vor allem im negativen Bereich, gliedern. Insgesamt ist festzustellen, daß etwa ein Drittel der befragten Frauen die Anti-Baby-Pille ablehnt, weitere 12 % ihrer Benutzung nur eingeschränkt zustimmen, und daß 51 % eine generell positive Einstellung hierzu haben.

Die Differenzierung dieser Stellungnahme nach der Zahl der vorhandenen Kinder (Tab. 7) zeigt eine deutliche Beziehung zwischen der Zahl der bereits vorhandenen Kinder und der Beurteilung der Pille. Je geringer die Kinderzahl ist, desto positiver wird die Pille generell beurteilt; das gilt von Frauen mit 0 bis zu 3 Kindern; und bei höheren Kinderzahlen steigt der Anteil derjenigen, die die Pille zumindest bedingt bejahen. In dieser Gruppe findet sich auch die Mehrzahl der Frauen, die bereits mehr Kinder haben, als sie eigentlich haben wollten.

Tab. 7: Die Einstellung zur „Pille" nach der Anzahl bereits vorhandener Kinder (in %)

Einstellung zur Pille	Vorhandene Kinderzahl						%
	0	1	2	3	4	5 u. m.	
negativ							
generell u. sonst. Bedenken	13,8	18,0	19,3	21,6	17,4	16,2	18,6
moralische Bedenken	0,3	2,6	2,7	2,4	3,0	4,5	2,5
medizinische Bedenken	8,8	14,8	13,5	14,1	15,5	7,3	13,2
insgesamt	22,9	35,4	35,5	38,1	35,9	28,0	34,3
positiv							
generell	62,0	49,5	52,8	49,3	46,4	38,0	50,7
medizinische Einschränkungen	4,4	5,3	4,4	4,6	3,0	5,6	4,6
sonst. Einschränkungen	8,4	7,4	3,9	4,2	11,7	25,7	7,3
insgesamt	74,7	62,2	61,1	58,2	61,1	69,3	62,6
weiß nicht u. sonstige	2,4	2,4	3,4	3,7	3,0	2,8	3,1
N = 100 %	297	622	864	667	265	179	2894

Diese Befunde lassen erwarten, daß Frauen, die zur Zeit noch keine Kinder haben, der Geburtenkontrolle durch orale Antikonzeptiva aufgeschlossen gegenüberstehen. Für die zukünftige Entwicklung läßt sich hieraus ableiten, daß die Zahl der zufälligen bzw. ungeplanten Kinder weiter abnehmen wird und daß dadurch der Prozeß der Rationalisierung des generativen Verhaltens verstärkt wird. Zufall oder „menschliches Versagen", dem bislang noch ein gewisser Teil der Fruchtbarkeit der Bevölkerung zugeschrieben werden konnte, verlieren also weiter an Bedeutung. Aus diesem Grunde ist auch zu erwarten, daß die Familien im generativen Bereich auf bestimmte Außeneinflüsse wesentlich stärker reagieren werden als das bisher der Fall war.

Wenden wir diese Befunde auf unsere Fragestellung an, wieweit sich die von unseren Probandinnen erwartete bzw. gewünschte Kinderzahl in ihrem weiteren Eheleben realisieren wird, dann läßt sich aus dem insgesamt relativ hohen Anteil aller

Frauen und insbesondere aus dem vergleichsweise erhöhten Anteil der jüngeren Frauen mit geringerer Kinderzahl schließen, daß das geplante generative Verhalten zumindest hinsichtlich der Begrenzung nach oben in immer stärkerem Maße nicht überschritten werden wird. In gleichem Sinne werden sich dann aber im Durchschnitt der Bevölkerung gesehen physiologische Einschränkungen der Fruchtbarkeit dergestalt auswirken, daß die durchschnittliche Fruchtbarkeit sinkt. Während früher Sterilität oder Subfertilität bei den einen durch Versagen der Familienplanung bei den anderen kompensiert wurden, fällt diese Möglichkeit dann in zunehmendem Maße fort: Die obere Grenze der vorgesehenen Fruchtbarkeit jeder Familie wird starrer, während die physiologischen Einschränkungen in diesem Bereich praktisch unverändert bleiben.

Die Ausgangssituation unserer Untersuchung bzw. jedes einzelnen Interviews mit den befragten Ehefrauen war die, daß alle Frauen verheiratet waren und — mit Ausnahme von insgesamt 16 % derer, die von ihrer Sterilität wußten — alle fertil waren. In der für die Familienplanung relevanten Gruppe der nach 1940 geborenen Frauen war dagegen nur 7 % der Befragten eine Beeinträchtigung ihrer Fruchtbarkeit bekannt. Biologisch gesehen konnte also in der Mehrzahl der Fälle die bereits vorhandene Kinderzahl noch zunehmen. Wir sind weiter davon ausgegangen, daß jede der befragten Frauen eine mehr oder weniger dezidierte Vorstellung über ihre insgesamt geplante Kinderzahl habe, wobei diesem Wunsch die Situation ihrer Ehe und die zu erwartenden Änderungen der Außenbedingungen zugrunde lag.

Bei einem Gleichbleiben aller diese Entscheidung bestimmenden Faktoren würde die tatsächlich zu erwartende Fruchtbarkeit der Familien aus den im vorangegangenen Abschnitt dargestellten Gründen geringfügig unter der Erwartung der Frauen liegen. Nun können wir aber nicht davon ausgehen, daß die zahlreichen sozialen, ökonomischen und sonstigen Faktoren, die das generative Verhalten der Familien in der Bundesrepublik bestimmen, unverändert bleiben. Wir müssen vielmehr damit rechnen, daß noch im Verlauf der Fruchtbarkeitsperiode der von uns Befragten stärkere Abweichungen von den Erwartungen auftreten.

Neben der Frage nach der unter den gegenwärtigen Umständen erwarteten bzw. gewünschten Kinderzahl wurde daher im weiteren Verlauf des Interviews die Frage nach der *idealen* Kinderzahl gestellt (III, 12): „Wir sprachen vorhin darüber, wieviele Kinder Sie sich jetzt wünschen. Wenn Sie Ihr gesamtes Eheleben ganz von vorn beginnen und ohne Rücksicht auf irgendwelche Umstände die Kinderzahl allein bestimmen könnten, wieviele Kinder möchten Sie dann haben?" Diese Frage gestattet es der Frau, die bisher gesammelten Erfahrungen — sowohl im sozial-ökonomischen als auch im innerfamiliären Bereich — für ihre Vorstellung von der für sie idealen Kinderzahl mit heranzuziehen. Die Antworten auf diese Frage, insbesondere im Vergleich mit der vorhandenen und der gewünschten bzw. geplanten Kinderzahl lassen erkennen, mit welchen Reaktionen der Familien im generativen Bereich auf Veränderungen der Lebenssituation zu rechnen wäre.

Diese Frage, die im Zusammenhang mit anderen Untersuchungen sowohl im europäischen, insbesondere aber im nordamerikanischen Bereich wiederholt gestellt wurde, führte regelmäßig zu dem Ergebnis, daß die als ideal angegebenen Kinderzahlen über denen lagen, die von den Frauen unter den gegebenen Umständen gewünscht wurden.

Tab. 8 zeigt, daß dies für die von uns interviewten Frauen nur in begrenztem Umfang

Tab. 8: Die gewünschte (= in der Ehe erwartete) Kinderzahl nach der individuell für ideal gehaltenen Kinderzahl (in %)

Ideale Kinderzahl	Gewünschte (= erwartete) Kinderzahl						
	0	1	2	3	4	5 u. m.	%
0	**26,7**	3,3	2,2	1,0	1,0	–	1,9
1	–	**43,7**	2,1	2,7	0,7	0,7	5,4
2	60,0	47,9	**83,0**	28,4	30,0	32,6	54,2
3	13,3	4,7	7,1	**59,4**	15,5	29,8	25,4
4	–	–	4,2	4,9	**48,2**	6,4	9,2
5 u. m.	–	0,5	1,3	3,7	4,6	**30,5**	3,9
N = 100 %	30	213	1131	818	303	141	2636

zutrifft. Zwar finden wir, daß bei den Frauen, die unter den gegebenen Verhältnissen damit rechnen, selbst kein oder 1 Kind zu haben, die als ideal angesehene Kinderzahl deutlich höher liegt, aber schon bei den Frauen, die in ihrer Ehe 2 Kinder erwarten, liegt der angegebene Idealwert nur geringfügig höher. Wir finden hier die weitestgehende Übereinstimmung zwischen der erwarteten Kinderzahl und der idealen Kinderzahl. Bei den Frauen, die in ihrer Ehe mit mehr Kindern rechnen, zum Teil bereits mehr als 2 Kinder haben, zeigt sich eine deutliche Tendenz dahingehend, daß die ideale Kinderzahl unter der erwarteten liegt. Das zeigt sich in deutlicher Form bereits bei den Familien, die nach Abschluß ihrer Fruchtbarkeitsperiode mit 3 Kindern rechnen. Bei den 4- und 5-Kinder-Familien bildet sich hinsichtlich des Ideals geradezu eine zweigipflige Verteilung dergestalt aus, daß der eine Gipfel durch die Übereinstimmung zwischen Ideal- und Erwartungswert charakterisiert ist, während den anderen die Standardvorstellung einer 2-Kinder-Familie bestimmt.

Beziehen wir diese Befunde wieder auf die Frage, wie sich eine Änderung der Lebensbedingungen der verschiedenen Familien auf ihr generatives Verhalten auswirken wird, dann können wir für die Gruppe der Familien, die gegenwärtig in ihrem Lebensplan kein oder 1 Kind vorgesehen hat, annehmen, daß hier eine Erweiterung der Planung stattfindet. Bei der großen Zahl der Familien, die in ihrem prospektiven generativen Verhalten 2 Kinder vorgesehen haben, ist jedoch auch bei einer besonders günstigen Veränderung der Lebensverhältnisse kaum mit einer Anhebung der Fruchtbarkeit zu rechnen. In verstärktem Maße gilt das für alle anderen Familien mit höheren Kinderzahlen. Insgesamt gesehen sind hier somit kaum Planungs- bzw. Wunschreserven für eine Erhöhung der Geburtenzahlen vorhanden.

Die Frage nach der idealen Kinderzahl bezog sich von der Fragestellung her ausdrücklich auf die individuelle Meinung der interviewten Frau. Diese ausdrücklich auf das Individuum ausgerichtete Fragestellung hat — obwohl doch die ganz individuellen Wünsche erfragt werden — das Ergebnis, daß sich der Schwerpunkt auf eine 2-Kinder-Familie konzentriert. Das fällt besonders auf, wenn man feststellt, daß die in der Realität von den Frauen gewünschten Kinderzahlen keine so ausgesprochene Schwerpunktbildung zeigen. Wir finden also in diesem Ideal eine stärkere Anpassung an die Normvorstellung der 2-Kinder-Familie.

Noch sehr viel ausgeprägter wird dieses Denken und diese Fixierung auf die 2-Kinder-Familie bei der in einem anderen Teil des Fragebogens, also nicht in direktem

Zusammenhang mit den Fragen nach der geplanten oder der idealen Kinderzahl, gestellten Frage: „Was ist heute, Ihrer Meinung nach, die ideale Kinderzahl für eine normale deutsche Familie?" (I, 33). Die Befunde in Tab. 9 zeigen, daß bei dieser nicht mehr auf das Individuum gerichteten Frage das 2-Kinder-Konzept noch wesentlich stärker hervortritt. Das fällt besonders auf bei denjenigen, die in ihrer Ehe nur 1 Kind planen und dies — subjektiv — auch für ideal halten; bei der Frage nach der idealen Kinderzahl für eine *normale* deutsche Familie verlagert sich das entscheidende Gewicht auf die Angabe von 2 Kindern. Auch die 3-Kinder-Familie ist in dieser Gruppe — ebenso wie bei den Frauen, die selbst mit 2 Kindern rechnen — etwas angereichert im Vergleich zu ihren individuellen Idealvorstellungen.

Tab. 9: Die gewünschte (= in der Ehe erwartete) Kinderzahl nach der für eine normale deutsche Familie für ideal gehaltene Kinderzahl (in %)

Normale Kinderzahl	Gewünschte (= erwartete) Kinderzahl						%
	0	1	2	3	4	5 u. m.	
1	25,6	**10,3**	1,4	1,2	0,6	0,7	2,6
2	47,6	76,3	**83,3**	52,6	46,2	41,5	66,1
3	9,8	9,9	14,6	**44,2**	38,1	44,4	27,2
4	1,2	2,2	0,5	1,7	**13,5**	8,9	2,9
5. u. m.	15,9	1,3	0,2	0,3	1,6	**4,4**	1,1
N = 100 %	82	232	1182	858	318	135	2807

Diejenigen, die 3, 4 oder 5 Kinder für ihre Ehe vorgesehen haben oder bereits gegenwärtig haben, empfinden ihre eigene Kinderzahl nur zu einem geringen Teil auch als passend für den Durchschnitt der Bevölkerung. Das heißt, die befragten Frauen kommen zu dem Ergebnis, daß ihre Lebensplanung nicht der Norm entspricht.

Diese Befunde können darauf hindeuten, daß die normativen Vorstellungen im Bereich des generativen Verhaltens eine beträchtliche Schwerpunktbildung mit geringer Streuung um eine mittlere Kinderzahl von etwas über 2 aufweisen.

Eine weitere Charakterisierung dieses zahlenmäßig normativen Aspekts im generativen Verhalten kann auch die Frage nach der Abgrenzung einer *großen* Familie erbringen: „Was verstehen Sie unter einer großen Familie? Wieviele Kinder muß die etwa haben?" (I, 34). Hier wird also gewissermaßen nach einer Obergrenze gefragt.

Tab. 10: Die gewünschte (= in der Ehe erwartete) Kinderzahl nach der Anzahl der Kinder einer als „groß" bezeichneten Familie (in %)

Kinderzahl einer „großen Familie"	Gewünschte (= erwartete) Kinderzahl						%
	0	1	2	3	4	5 u. m.	
3	21,2	10,2	3,3	**6,1**	6,7	2,1	5,5
4	34,9	40,4	41,5	24,4	**37,5**	21,7	34,5
5	34,8	29,0	36,0	41,0	23,5	**44,7**	36,0
6	7,6	14,2	13,5	22,1	20,6	**23,1**	17,4
7 u. m.	1,5	6,2	5,7	6,4	11,7	**8,4**	6,7
N = 100 %	66	225	1164	849	315	143	2762

Tab. 10 zeigt, daß in dieser Frage eine weitgehende Übereinstimmung bei allen unseren Probanden besteht, wobei die Angaben zwischen 4 und 5 Kindern im allgemeinen schwanken. Eine Abhängigkeit von dem eigenen Kinderwunsch zeigt sich nur insofern, daß diejenigen Frauen, die selbst eine geringe Kinderzahl haben wollen, häufiger schon 3-Kinder-Familien als groß empfinden, während Frauen, die 3 und mehr Kinder selbst haben wollen, etwas häufiger diesen Grenzwert auf 6-Kinder-Familien hinaufschieben.

Diese beiden letzten Fragen nach der Kinderzahl für eine normale deutsche Familie und nach der Kinderzahl einer großen Familie gehen aus dem Bereich der individuellen Lebensgestaltung hinaus und mehr in den sozial-institutionell bestimmten Rahmen des generativen Verhaltens. Wir haben diese Befunde in diesem Zusammenhang angeführt, da sie es gestatten, das Verhalten des Individuums an dem zu messen, was es als soziale Norm ansieht.

Die nachfolgende Tab. 11 zeigt zusammenfassend die Verteilungen der Antworten auf diese fünf in bezug auf die Kinderzahlen gestellten Fragen.

Auf Grund der Schiefe der Verteilungen und der Tatsache, daß es sich bei der Kinderzahl nicht um ein kontinuierliches Merkmal handelt, verzichteten wir auf die — sonst auch in diesem Bereich übliche — Berechnung des arithmetischen Mittels. Als Kennwerte der jeweiligen Verteilung berechneten wir den Median und den mittleren Quartilabstand, um so den Bereich, innerhalb dessen sich die Vorstellungen, Pläne und Wünsche der mittleren 50 % der befragten Ehefrauen bewegen, zu charakterisieren. Soweit aus der Untersuchung von *Freedman, Baumert, Bolte* (1960) Vergleichswerte errechnet werden konnten, wurden diese unseren Ergebnissen (1969) gegenübergestellt. Wie in Tab. 11 festzustellen, bewegen sich in beiden Untersuchungen die Angaben der mittleren 50 % zwischen 2 und 4 Kindern, doch alle vier Kennwerte, sowohl für die individuell als auch die für eine normale deutsche Familie als ideal erachtete Kinderzahl, liegen in unserer Untersuchung unter denen von 1958. Die Tendenz zur 2-Kind-Norm hat sich also im Verlauf der letzten zehn Jahre verstärkt.

Tab. 11: Vorhandene Kinderzahl, Kinderwünsche und Normvorstellungen im generativen Bereich, 1969 im Vergleich zu 1958 (in %)

Kinderzahl	Vorhanden 1969	Gewünscht (= erwartet) 1969	Gewünscht (= erwartet) 1958*	Indiv. Ideal 1969	Indiv. Ideal 1958*	Normvorstellung 1969	Normvorstellung 1958*	Große Familie 1969
0	10,5	3,6	5,0	1,9	1,0	—	0,6	—
1	21,4	8,2	17,7	5,3	6,1	2,6	3,5	1,4
2	30,0	41,5	45,4	53,9	43,4	65,4	46,4	0,8
3	22,9	30,1	21,7	25,4	29,3	27,6	37,9	5,3
4	9,1	11,3	7,1	9,4	14,0	2,8	10,1	33,7
5 u. m.	6,1	5,3	3,1	4,1	6,2	1,6	1,5	58,8
N = 100 %	2955	2870	1708	2703	1781	2911	1811	2906
Mdn	2,60	2,92	2,60	2,79	2,99	2,72	2,99	5,25
Q_{25}	1,68	2,32	2,05	2,33	2,41	2,34	2,45	4,52
Q_{75}	3,57	3,72	3,32	3,55	3,84	3,24	3,65	5,96
Q	1,89	1,40	1,27	1,22	1,43	0,90	1,20	1,44

* Nach den Ergebnissen der DIVO-Umfrage von 1958 (*Freedman, Baumert, Bolte* 1960, Tab. 2, S. 141).

2. Bedingungen des generativen Verhaltens

Wie wir im Vorangehenden darstellen konnten, dominiert — bei überwiegend positiver Einstellung zu den oralen Antikonzeptiva — die 2- bis 4-Kind-Familie in den zahlenmäßigen Vorstellungen, Plänen und Wünschen der befragten Ehefrauen. Sowohl für die von den Frauen gewünschte bzw. erwartete Kinderzahl als auch für ihre Idealvorstellung und die für eine normale deutsche Familie als ideal erachtete Kinderzahl ist eine linksschiefe Verteilung mit dem Schwerpunkt bei der 2-Kind-Familie festzustellen.

Die Frage, ob diese Grenzen als weit oder als eng zu bewerten sind, wurde bereits in Kapitel I, 2 angesprochen. Im folgenden soll daher untersucht werden, ob und ggf. unter welchen Bedingungen sich diese Vorstellungen, Pläne und Wünsche im generativen Bereich differenzieren.

Als Bedingungen hatten wir Gegebenheiten der Lebensumwelt bezeichnet, an denen sich Entscheidungen orientieren. Diese Entscheidungen können auf der Basis und unter Einfluß der jeweils relevanten Bedingungen zu bestimmten Verhaltensweisen führen. Weiterhin hatten wir darauf hingewiesen, daß der statistisch nachweisbaren Beziehung zwischen diesen Bedingungen und dem beobachtbaren Verhalten lediglich beschreibender, nicht aber erklärender Wert zukommt; denn das Verhalten resultiert ja weniger aus diesen externen Bedingungen, sondern eher aus denjenigen Verhaltensdispositionen — oder internen Bedingungen —, die das Individuum prädisponieren, auf Umweltgegebenheiten in bestimmter Art zu reagieren.

Für den Bereich des generativen Verhaltens ist dieser Ansatz noch dahingehend zu erweitern, daß hier nicht nur die intrapersonellen, sondern auch die interpersonellen Beziehungen zwischen Bedingungen und Verhalten von entscheidender Bedeutung sind; denn Existenz und soziale Interaktion zweier gegengeschlechtlicher Partner sind Voraussetzung für die Realisierungsmöglichkeit gewünschten generativen Verhaltens.

Da sich unsere Befragung ausschließlich an Ehefrauen richtete, gehen die mit der Person des Ehemannes in Zusammenhang stehenden Bedingungen — soweit es sich dabei nicht um objektiv erfaßbare sozio-demographische Daten handelt — als indirekte Einflußfaktoren in die Antworten der Frau mit ein. Somit ist es auf Grund der erhobenen Daten nicht nur möglich, die Soziallage der einbezogenen Familien zu charakterisieren, sondern auch den Einfluß innerfamiliärer Faktoren sowie die subjektive Einschätzung sozio-demographischer Gegebenheiten aus Sicht der Frau aufzuzeigen.

Bevor wir uns jedoch diesen Bedingungsfaktoren im einzelnen zuwenden, sollen zwei Komplexe allgemeiner Natur angesprochen werden: und zwar die Frage nach der vom Mann gewünschten Kinderzahl sowie die nach den von den befragten Frauen ganz allgemein — also nicht auf die eigene Familiensituation bezogen — als relevant erachteten Bedingungen für die gegenwärtige Reduzierung der Kinderzahl.

Auf unsere Frage, ob der von der Frau geäußerte Kinderwunsch auch die Zustimmung ihres Mannes finde (III, 9), erhielten wir in 83 % der Befragungen die Antwort, daß die Ehepartner hinsichtlich ihrer gewünschten Kinderzahl übereinstimmen. Von divergierenden Vorstellungen der Ehepartner berichteten nur Frauen häufiger, die selbst mehr als 2 oder weniger als 2 Kinder wollten; die Übereinstimmung der Wünsche unterschritt selbst bei dem Wunsch nach Kinderlosigkeit nicht die Zweidrittel-Grenze. Somit scheinen — nach Aussage der befragten Frauen — die Ehemänner, sofern sie nicht gleiche Vorstellungen wie ihre Frauen haben, noch stärker als diese zum 2-Kind-System zu tendieren.

Gefragt nach ihrer Meinung über die Gründe für die Beschränkung der Kinderzahl in den heutigen Ehen, also nicht in ihrem speziellen Fall, verwiesen über 50% der Frauen auf finanzielle Gründe. Die Klassifizierung der Antworten auf diese offen gestellte Frage (III, 13) ergab die nachfolgende Rangliste für relevant gehaltener Bedingungen:

— finanzielle Gründe = 53%
— beschränkter Wohnraum = 12%
— Bequemlichkeit der Frau bzw. der Eltern = 12%
— Berufstätigkeit der Frau = 4%
— Erziehungsschwierigkeiten = 3%
— „man hat nicht mehr Kinder" = 2%
— unsichere politisch-wirtschaftliche Verhältnisse = 1%
— sonstige Gründe und weiß nicht = 13%

In einem gewissen Widerspruch zu dieser Aufstellung stehen die Antworten, die wir auf die Frage erhielten: „Was meinen Sie, fällt es Ihnen heute leichter, eine Familie zu ernähren und zu unterhalten als Ihren Eltern zur Zeit Ihrer eigenen Kindheit?" (I, 32); diese Frage bezog sich im Gegensatz zu der vorhergehenden auf die spezielle Situation der Befragten. Dreiviertel aller befragten Frauen waren der Meinung, daß es ihnen leichter fiele, 18% meinten, daß sich nichts geändert habe, und nur 7% gaben an, daß sie es schwerer hätten.

Ziehen wir auch die Antworten auf unsere Frage nach der Begründung für die bereits vorhandene Kinderzahl bzw. für den Kinderwunsch der Frauen mit hinzu (III, 5, 15 u. 16), so zeigt sich, daß sich die gegebenen allgemeinen Begründungen für die heutige Kinderzahlbeschränkung und die Aussage, daß es heute leichter sei, eine Familie zu ernähren und zu unterhalten, sinnvoll entsprechen. „2 Kinder kann man heutzutage gut verkraften", lautete z. B. die Antwort einer Mutter von zwei Kindern aus einer rheinland-pfälzischen Kleinstadt.

Und daß unsere Frage nach Gründen für die eigene Kinderzahl als Frage nach der Ursache von Selbstverständlichkeiten empfunden wurde, geht aus folgenden durchaus typischen Antworten hervor: „Wir haben sie (die Kinder) einfach bekommen." „Man muß doch Kinder haben." „Ein Kind gehört zur Ehe dazu." Mit entsprechender Selbstverständlichkeit steht auf der anderen Seite diesem Wunsch nach Kindern auch eine allgemein positive Einstellung zur Geburtenkontrolle, sowohl mit als auch ohne „Pille", gegenüber. Die Antworten zu diesen Fragen auf einen Nenner zusammenfassend können wir somit feststellen: wenn Ehe, dann auch Kinder — aber nicht mehr, als man sich zu versorgen zutraut, und dies sind gegenwärtig etwa 2 Kinder; möglichst ein Sohn und eine Tochter —, wie gleichfalls aus den Antworten auf Frage III, 5, ergänzt durch die Frage nach dem Geschlecht des gewünschten Kindes (III, 4), hervorging.

Für die weitere Darstellung unserer Untersuchungsergebnisse muß demnach unsere Fragestellung lauten: durch welche Bedingungen sind Ehepartner charakterisiert, die sich Versorgung und Sozialisation von mehr als 2 Kindern zutrauen.

a) Der Einfluß sozialer Faktoren

Ausgehend von unserer Hypothese über den weiteren Verlauf der Entwicklung des generativen Verhaltens unter dem Aspekt der sozialen Differenzierung, ist als erstes zu prüfen, welche Bedeutung dem Schulabschluß der Frau und der Sozialschichtenzugehörigkeit des Ehemannes für das generative Verhalten der Ehepartner zukommt. Da das Ausmaß sozio-kultureller Homogamie in bezug auf diese beiden Merkmale für unser Untersuchungsmaterial bereits an anderer Stelle dargestellt wurde (*Pohl,* 1973), sollen hier nur die für diese Fragestellung wesentlichsten Ergebnisse zusammengestellt werden.

Wir konnten feststellen, daß zwischen dem Schulabschluß der Frau und der Sozialschicht des Mannes ein hoher, positiver Zusammenhang besteht, der von dem zwischen den beiden Schulabschlüssen festgestellten noch übertroffen wird. Dies besagt, daß häufiger zwar Partner mit gleichem Schulabschluß einander heiraten, daß sich jedoch im Zeitablauf — meist durch berufliche Weiterbildung des Mannes — die sozialen Unterschiede zwischen den Ehepartnern vergrößern.

Da sich das für diese Untersuchung verwandte Schichtungsmodell u. a. am Schulabschluß der Individuen orientiert und — reduziert auf 4 Gruppen — jedem Schulabschluß eine Sozialschicht zuzuordnen ist, wäre theoretisch zu erwarten, daß die Verteilung der Sozialschichten bei den Ehemännern auch derjenigen ihrer Schulabschlüsse entspricht. Für unsere Frage nach der Beziehung dieser Bedingungen zum generativen Verhalten würde dies bedeuten, daß bei beiden Gliederungsmerkmalen sehr ähnliche Zusammenhänge zu erwarten wären. Statt dessen konnten wir jedoch feststellen, daß zwar 77 % der Frauen einen Partner mit gleichem Schulabschluß geheiratet hatten, jedoch nur mehr 59 % bei Gliederung nach der Sozialschicht des Ehemannes der ihrem eigenen Schulabschluß entsprechenden Sozialschicht zuzurechnen waren. Eine Gliederung der befragten Frauen nach der von ihnen selbst erworbenen Sozialschicht schien dagegen auf Grund der Tatsache, daß 70 % von ihnen nicht berufstätig waren, nur wenig sinnvoll; für die restlichen 30 % zeigte sich, sofern beide Partner berufstätig waren, daß sie überwiegend Berufe der gleichen Sozialschicht ausübten. Wir bevorzugten daher auch in diesen Fällen die Verwendung der Sozialschichtenzugehörigkeit des Mannes als Indikator der sozialen **Lage der Familie.**

Der Schulabschluß der Frau

Im Rahmen der Untersuchung haben wir hinsichtlich des Abschlusses im allgemeinbildenden Schulwesen jeweils gefragt, mit welcher Prüfung oder Klasse die Schulzeit beendet wurde (I, 3), als zweckmäßig erwies sich dabei die folgende Stufung des Schulerfolgs:

Besuchte Schulart	Schulabschluß	
Hauptschule	ohne Hauptschulabschluß (ohne HA)	3 %
	Hauptschulabschluß (HA)	60 %
Realschule bzw.	ohne „Mittlere Reife" (ohne MR)	12 %
Gymnasium bis Klasse 10	„Mittlere Reife" (MR)	11 %
Gymnasium	ohne Abitur	3 %
	Abitur	10 %
Sonderschulbesuch und keine Angabe		1 %

Zu diesen Angaben über den Schulabschluß ist anzumerken, daß die Differenzierung zwischen den Frauen, die die Hauptschule erfolgreich abgeschlossen haben, und denen, die den Abschluß nicht erreichten, erfahrungsgemäß nicht ganz zuverlässig ist; denn letztere sind zum Teil nicht geneigt, den Nicht-Abschluß der Hauptschule in einem Interview mitzuteilen. Es ist daher anzunehmen, daß sich unter den Frauen, die den Abschluß der Hauptschule angeben, auch einzelne befinden, die dieses Schulziel nicht erreicht haben. Bei allen anderen Angaben über den Schulabschluß ist dagegen erfahrungsgemäß mit einer größeren Zuverlässigkeit zu rechnen.

Tab. 12: Die gewünschte (= in der Ehe erwartete) Kinderzahl nach dem Schulabschluß der Frau (in %)

Gewünschte (= erwartete) Kinderzahl	ohne HA	HA	Schulabschluß der Frau ohne MR	MR	ohne Abitur	Abitur
0	16	2	2	3	4	2
1	9	8	12	7	5	5
2	32	41	48	47	37	39
3	19	31	30	29	42	33
4	15	12	7	10	11	17
5 u. m	10	6	2	4	2	5
N = 100 %	81	1720	339	310	85	282

Tab. 12, die die Anzahl der gewünschten bzw. erwarteten Kinder der Frauen nach ihrer Schulbildung darstellt, zeigt ein breites Mittelfeld, in dem die Wünsche hinsichtlich der Kinderzahl in der Familie keine deutliche Differenzierung aufweisen. Eine Ausnahme machen die Frauen, die die Hauptschule nicht erfolgreich abgeschlossen haben und die Abiturientinnen. Bei ersteren zeigt sich eine — im Vergleich zu den anderen Gruppen — deutliche Häufung der Wünsche nach einer 0-Kind-Familie und auf der anderen Seite nach einem gewissen Kinderreichtum, d. h. 4 oder 5 Kinder. Bei den Abiturientinnen fällt besonders die Häufung des Wunsches nach 4 Kindern auf.

Stellen wir diesen Befunden die Vorstellungen gegenüber, welche die Frauen hinsichtlich einer idealen, d. h. durch die gegenwärtigen Lebensbedingungen nicht beeinflußten Kinderzahl haben, dann können wir feststellen (Tab. 13), daß dieses Ideal

Tab. 13: Die individuell für ideal gehaltene Kinderzahl nach dem Schulabschluß der Frau (in %)

Ideale Kinderzahl	ohne HA	HA	Schulabschluß der Frau ohne MR	MR	ohne Abitur	Abitur
0	–	2	1	1	–	2
1	3	6	6	5	3	3
2	63	57	55	51	48	38
3	21	24	28	25	27	33
4	10	8	8	11	18	19
5 u. m.	3	3	3	7	5	5
N = 100 %	62	1668	327	289	79	261

mit Ausnahme der Abiturientinnen bei allen anderen Frauen sehr viel stärker auf der Betonung der 2-Kind-Familie liegt. 0- und 1-Kind-Familien finden sich in allen Bildungsschichten wesentlich seltener. Dagegen sind bei Frauen mit „Mittlerer Reife" und weitergehender Ausbildung die Wünsche nach 4 und 5 Kindern bei der Idealvorstellung stärker ausgeprägt, als es bei der auf der Basis der realen Gegebenheiten erwarteten Kinderzahl der Fall ist. Die Gruppe der Abiturientinnen unterscheidet sich von allen anderen Bildungsschichten durch die weitgehende Deckungsgleichheit der in der Realität erwarteten und als ideal angesehenen Kinderzahl.

Stellen wir nun diesem persönlichen Ideal der Frauen ihre eigene Normvorstellung für die durchschnittliche deutsche Familie gegenüber, dann findet sich (Tab. 14) wieder eine sehr starke Schwerpunktsetzung bei der 2-Kind-Familie. Eine gewisse Ausnahme machen die Frauen mit Abitur bzw. auch die, die ihre Schule zwischen „Mittlerer Reife" und Abitur abgeschlossen haben: von ihnen wird auch die 3-Kinder-Familie noch als angemessen für eine normale deutsche Familie angesehen.

Tab. 14: Die für eine normale deutsche Familie für ideal gehaltene Kinderzahl nach dem Schulabschluß der Frau (in %)

Normale Kinderzahl	ohne HA	HA	Schulabschluß der Frau ohne MR	MR	ohne Abitur	Abitur
1	9	2	4	2	3	2
2	55	69	69	66	58	52
3	26	27	24	27	34	40
4	4	3	2	4	4	5
5 u. m.	7	1	1	2	1	1
N = 100 %	82	1753	352	316	85	278

Die Prüfung der Frage, ob die Vorstellung, über eine „große Familie" in der Bundesrepublik, eine Differenzierung nach dem Schulabschluß der befragten Frauen zeigt, führte zu einem negativen Ergebnis. Die Meinungsbildung über diese Frage ist ganz offensichtlich keine Funktion eines besonderen Bildungsstandes.

Im Vorangehenden haben wir zunächst nur Äußerungen der befragten Frauen hinsichtlich rein zahlenmäßiger Vorstellungen im generativen Bereich dargestellt, wobei hier nicht nur die rein subjektive Meinungsäußerung, sondern auch die an der sozialinstitutionellen Seite gemessene erfragt wurde.

Unter prognostischen Aspekten kann dieser Befund allein jedoch noch nicht genügen, denn es ist zu prüfen, wieweit die hier erfaßten zahlenmäßigen Vorstellungen — zumindest in der subjektiven Sicht der Befragten — mit verschiedenen in diesem Bereich relevanten Faktoren zusammenhängen; hierzu gehört u. a. die Frage der Geburtenkontrolle.

Die Frage: „Was halten Sie von der Anti-Baby-Pille?" (III, 19) wurde bewußt als offene Frage gestellt, um auch Differenzierungen der Meinungsäußerungen in diesem Bereich erfassen zu können. Die gegebenen Antworten ließen sich, wie bereits erwähnt, in wenige Untergruppen gliedern:

Grundsätzlich negative Einstellung zur Pille ohne weitere Begründung	= 16 %
Ablehnung wegen moralischer Bedenken	= 2 %
Ablehnung wegen medizinischer Bedenken	= 13 %
Ablehnung aus sonstigen Gründen	= 2 %
uneingeschränkt positive Einstellung	= 50 %
bedingt positiv, medizinische Bedenken	= 5 %
bedingt positiv, sonstige Gründe	= 7 %
weiß nicht und sonstige	= 5 %

In Tab. 15 haben wir aus Gründen der Übersichtlichkeit die Antworten auf negative und positive Einstellung reduziert, wobei jedoch die negative Einstellung aus medizinischer Begründung nicht nur wegen ihrer beträchtlichen Zahl, sondern auch deswegen besonders ausgewiesen wird, weil sie einen Einblick in den Informationsstand der befragten Frauen gibt.

Tab. 15: Die Einstellung zur „Pille" nach dem Schulabschluß der Frau (in %)

Einstellung zur „Pille"	Schulabschluß der Frau					
	ohne HA	HA	ohne MR	MR	ohne Abitur	Abitur
negativ						
insgesamt	39	41	25	20	24	17
davon mit medizin. Bedenken	12	16	11	9	9	7
positiv	56	53	70	72	73	77
weiß nicht u. sonstige	5	6	5	8	3	6
N = 100 %	83	1766	355	319	88	291

Tab. 15 zeigt recht deutlich, wieweit die Einstellung gegenüber den oralen Antikonzeptiva mit der schulischen Ausbildung der befragten Frauen verknüpft ist. Je höher der Ausbildungsstand, desto höher auch der Prozentsatz von Frauen, die die Pille bejahen. Bemerkenswert erscheint auch, daß die Ablehnungen aus medizinischen Gründen mit dem Ausbildungsstand zusammenhängt, wobei ganz offensichtlich der gegenwärtige Informationsgrad der Frauen mit dem Abschluß ihrer allgemeinschulischen Bildung in Beziehung steht.

Gliedern wir auch die Antworten auf die Frage nach den allgemein für die Kinderzahlbeschränkung in den heutigen Ehen für wichtig gehaltenen Gründen (III, 13) nach der Schulbildung der Frau (Tab. 16), so zeigen sich in bezug auf die Wohnungsfrage deutliche und bei der Frage der Erziehungsschwierigkeiten geringere Differenzierungen. Frauen ohne Hauptschulabschluß sehen die beschränkte Wohnraumsituation als bedeutend, Frauen mit höherer schulischer Ausbildung dagegen eher als gering an. Umgekehrt sehen Frauen geringerer Bildungsqualifikation in der Frage der Kindererziehung vergleichsweise kaum einen Grund für die Kinderzahlbeschränkung; dieser Grund ist jedoch nach Meinung der Frauen ohne Abitur stärker hervorzuheben.

Die nachfolgende Tab. 17 zeigt noch einmal zusammenfassend die zahlenmäßige

Tab. 16: Die Verteilung der Meinungen über die Gründe für die Kinderzahlbeschränkung nach dem Schulabschluß der Frau (in %)

Gründe für die Kinderzahl-beschränkung	Schulabschluß der Frau					
	ohne HA	HA	ohne MR	MR	ohne Abitur	Abitur
finanzielle Gründe	53	57	54	54	57	55
beschr. Wohnraum	28	11	13	14	10	8
Bequemlichkeit	9	12	15	14	12	15
Berufstätigkeit der Frau	1	4	5	4	1	4
Erziehungsschwierigkeiten	1	3	3	4	7	5
„man hat nicht mehr Kinder"	1	3	2	2	1	3
unsichere Verhältnisse u. sonstiges	6	10	8	8	12	11
N = 100 %	78	1679	336	308	84	276

Abgrenzung des Bereichs der individuellen Lebensgestaltung, differenziert nach dem Schulabschluß der befragten Ehefrauen.

Versuchen wir an Hand der Tab. 17 den Kurvenverlauf für die drei Angaben über die Kinderzahlen, differenziert nach dem Schulabschluß der Frauen, durch Buchstaben zu kennzeichnen, so können wir für die Anzahl bereits vorhandener Kinder einen annähernd L-förmigen Verlauf feststellen; für die Anzahl gewünschter bzw. erwarteter Kinder verläuft dagegen die Kurve nahezu U-förmig, und die Kennwerte der individuell für ideal gehaltenen Kinderzahl zeigen die Tendenz zu einem positiven, J-förmigen Zusammenhang. Während die Kennwerte der gewünschten und individuell für ideal gehaltenen Kinderzahl bei denen, die eine weiterführende Schule besucht haben, deutlich über denen der bereits vorhandenen Kinderzahl dieser

Tab. 17: Kennwerte der vorhandenen, gewünschten (= in der Ehe erwarteten) und individuell für ideal gehaltenen Kinderzahl nach dem Schulabschluß der Frau (Median und Quartile 25 und 75)

Kinderzahl		Schulabschluß der Frau					
		ohne HA	HA	ohne MR	MR	ohne Abitur	Abitur
vorhandene	Mdn	3,05	2,73	2,29	2,38	2,67	2,00
	Q_{25}	2,04	1,94	1,45	1,44	1,59	0,89
	Q_{75}	4,50	3,65	3,16	3,25	3,50	3,25
gewünschte (= erwartete)	Mdn	2,79	2,96	2,76	2,85	3,13	3,13
	Q_{25}	2,01	2,37	2,23	2,32	2,44	2,47
	Q_{75}	3,99	3,77	3,46	3,62	3,71	3,90
individuelles Ideal	Mdn	2,74	2,74	2,79	2,85	2,99	3,22
	Q_{25}	2,35	2,30	2,33	2,37	2,46	2,53
	Q_{75}	3,43	3,42	3,49	3,72	3,92	3,97

Gruppe liegen, ist für diejenigen, die keine weiterführende Schule besucht haben, eher die entgegengesetzte Situation festzustellen. Ergänzen wir dieses Ergebnis durch die Einstellung der befragten Frauen zu den oralen Antikonzeptiva, so ergibt sich die folgende Situation: Der Wunsch nach einer vergleichsweise größeren Familie, verbunden mit einer positiven Einstellung zur Pille, ist signifikant häufiger in der Gruppe derjenigen zu finden, die eine weiterführende Schule besucht haben; diese beiden Einstellungen schließen sich in dieser Gruppe also keineswegs gegenseitig aus.

Die Sozialschicht des Mannes

Für die Gliederung nach der sozialen Schichtzugehörigkeit haben wir der Untersuchung die fünfstufige Sozialschichtenskala von *Jürgens* (*Jürgens*, 1965) zugrunde gelegt (Kap. III, 1). Da diese sich primär von dem empirisch ermittelten sozialen Prestige der verschiedenen Berufe und Berufsstellungen in der Bevölkerung herleitet, steht sie in Anbetracht des in unserer Gesellschaft ausgeprägten bildungsabhängigen Berechtigungswesens auch in enger Beziehung zur schulischen Vorbildung der Individuen.

Klassifizieren wir die befragten Frauen nach der Sozialschichtenzugehörigkeit ihrer Ehemänner, so erhalten wir die nachfolgende Sozialschichtenverteilung unseres Untersuchungsmaterials:

Sozialschicht A (Oberschicht)	= 10 %
Sozialschicht B (gehobene Mittelschicht)	= 17 %
Sozialschicht C (Mittelschicht)	= 23 %
Sozialschicht D (gehobene Grundschicht)	= 40 %
Sozialschicht E (Grundschicht)	= 8 %
Keine Angabe zur Sozialschicht, nicht berufstätig	= 2 %

In ähnlicher Weise, wie bei der Gliederung der gewünschten (erwarteten) Kinderzahlen nach dem Schulabschluß der Frau, zeigt sich auch bei Differenzierung nach der Sozialschicht des Mannes (Tab. 18) eine Betonung der höheren Kinderzahlwünsche in den extremen Sozialschichten A/B und D/E. Auch der Befund, daß die 1-Kind-Wünsche von sozial oben nach sozial unten zunehmen, fand sich in ähnlicher Weise in Tab. 12. Da sich — wie wir bereits darstellen konnten — die Gliederungsmerkmale Schulabschluß auf allgemeinbildenden Schulen und Sozialschicht nur zum Teil überschneiden, können sich die übereinstimmenden Ergebnisse gewissermaßen gegenseitig bestätigen.

Tab. 18: Die gewünschte (= in der Ehe erwartete) Kinderzahl nach der Sozialschicht des Mannes (in %)

Gewünschte (= erwartete) Kinderzahl	Sozialschicht des Mannes				
	A	B	C	D	E
0	1	2	3	2	3
1	6	7	8	8	9
2	40	42	44	43	41
3	38	34	29	29	29
4	11	11	11	12	12
5 u. m.	4	4	5	6	6
N = 100 %	280	473	672	1155	225

Gliedern wir auch die Vorstellungen der befragten Ehefrauen hinsichtlich der von ihnen individuell als ideal angesehenen Kinderzahl nach der Sozialschicht des Ehemannes (Tab. 19), dann können wir gegenüber der erwarteten Kinderzahl feststellen, daß in allen Schichten die Zahl der Einzelkinder, die man erwartet, höher ist als die, die man für ideal ansieht. Auf der anderen Seite zeigt sich aber, daß die erwarteten 3- und 4-Kinder-Familien seltener als ideale Familiengröße auftauchen. Eine gewisse Ausnahme machen nur die sozialen Oberschichten, die, wenn sie sich auch grundsätzlich dem Trend der anderen Schichten anschließen, dennoch auch bei den Idealwerten die höchsten Angaben für 3-, 4- und 5-Kind-Familien aufweisen. Die bei den Schichten D und E erwarteten 4 und 5 Kinder zeigen bei den als ideal angesehenen Familiengrößen keine Entsprechung. Ganz generell läßt sich feststellen, daß mit Ausnahme der sozialen Oberschicht die idealen Kinderzahlen unter denen liegen, die in den Familien erwartet werden.

Tab. 19: Die individuell für ideal gehaltene Kinderzahl nach der Sozialschicht des Mannes (in %)

Ideale Kinderzahl	Sozialschicht des Mannes				
	A	B	C	D	E
0	1	2	2	2	2
1	3	4	5	6	6
2	41	47	55	58	58
3	33	29	25	23	23
4	14	12	9	8	8
5 u. m.	8	6	4	3	3
N = 100 %	273	418	659	1108	205

Stellen wir nun die Antworten auf die Frage nach der idealen Kinderzahl für eine normale deutsche Familie zusammen (Tab. 20), dann zeigt sich — wie wir das auch schon bei der Gliederung nach dem Bildungsstand der Frauen feststellen konnten — eine betonte Häufung der 2-Kind-Familien; auch 3-Kind-Familien sind häufiger angegeben, als es dem individuellen Ideal der befragten Frauen entspricht. Wir finden unter der für die normale deutsche Familie angegebenen Häufigkeit von 3-Kind-Familien ähnliche Werte, wie sie die Probandinnen selbst in ihrer Familie erwarteten.

Tab. 20: Die für eine normale deutsche Familie für ideal gehaltene Kinderzahl nach der Sozialschicht des Mannes (in %)

Normale Kinderzahl	Sozialschicht des Mannes				
	A	B	C	D	E
1	1	1	2	2	3
2	56	63	69	69	68
3	38	32	26	26	26
4	4	3	2	3	3
5 u. m.	1	1	1	1	1
N = 100 %	283	476	688	1175	227

Die Antworten auf die Frage, was man als große Familie bezeichnen würde, weicht bei Untergliederung nach der Sozialschicht gleichfalls nicht deutlich von den in Tab. 11 wiedergegebenen Befunden ab.

Neben den zahlenmäßigen Abgrenzungen im generativen Bereich sind wieder die Vorstellungen und Werthaltungen zu berücksichtigen, die für die Realisierung dieser Fruchtbarkeitswünsche von praktischer Bedeutung sein können; insbesondere also die Frage, wieweit ein geplantes oder gewünschtes Konzept der Familiengröße voraussichtlich realisiert, unter- oder überschritten werden wird. Zunächst ergibt sich somit wieder die Frage nach der Einstellung der befragten Frauen gegenüber den oralen Antikonzeptiva. Tab. 21 zeigt, daß eine Gliederung der Antworten nach der Sozialschicht des Ehemannes der Tendenz nach derjenigen entspricht, die wir auch bei Einteilung nach dem Bildungsabschluß der Ehefrau erhielten (Tab. 15).

Tab. 21: Die Einstellung zur „Pille" nach der Sozialschicht des Mannes (in %)

Einstellung zur „Pille"	Sozialschicht des Mannes				
	A	B	C	D	E
negativ					
insgesamt	21	25	34	41	42
davon mit medizin. Bedenken	10	11	13	15	16
positiv	76	72	63	56	55
weiß nicht u. sonstige	2	3	3	4	4
N = 100 %	290	491	692	1186	229

Ein ergänzender Befund in diesem Zusammenhang ist auch das Ergebnis, daß diejenigen Frauen, die selbst einen Beruf ausüben, mit Ausnahme der Schicht A, die ohnehin der Pille sehr positiv gegenübersteht, durchweg höhere Anteile positiver und niedrige negativer Einstellungen gegenüber der Pille aufweisen. Die Tatsache, daß diese Frauen durch ihren Beruf außerhalb des häuslichen Kreises tätig sind, führt offenbar auch zu einem höheren Informations- und Emanzipationsgrad.

Ebenso wie die Einstellung der befragten Frauen zur Pille zeigen auch die angegebenen Gründe für die gegenwärtige Kinderzahlbeschränkung — differenziert nach der Sozialschicht des Mannes — ähnliche Ergebnisse, wie wir sie in Tab. 16 bei der Gliederung nach dem Bildungsstand der Frau feststellten: während wir bei den sozialen Oberschichten den Hinweis auf Sozialisationsprobleme häufiger finden, steht bei den unteren Sozialschichten die Wohnungsfrage stärker im Vordergrund. Differenzieren wir auch diese Antworten nach der Berufstätigkeit der Frau, so zeigt sich, daß berufstätige Frauen durchweg häufiger die Auffassung vertreten, daß die Berufstätigkeit der Frau ein entscheidender Grund für die Kinderzahlbeschränkung in den heutigen Ehen sei.

Die gleiche Frage nach den Gründen für die Kinderzahlbeschränkung haben wir nochmals mit vorgegebenen Antwort-Kategorien gestellt (III, 14). Differenziert nach der Sozialschicht des Mannes zeigt sich, daß die Antwort „je mehr Kinder man hat, um so schwieriger wird es, sich um jedes einzelne in ausreichendem Maße zu kümmern" von der Oberschicht A vergleichsweise häufig genannt wird und eine stufenweise Abnahme mit sinkender Sozialschicht aufweist. In der Grundschicht E wird dagegen der Hinweis auf die Gesundheit der Frau als begrenzender Faktor am häufigsten genannt; Sorgen um die politische und wirtschaftliche Zukunft Deutschlands spielen bei dieser Gruppe im Vergleich zu den anderen Sozialschichten eine besonders geringe Rolle.

Wenn wir davon ausgehen, daß Beziehungen zwischen dem, was wir als soziale Schicht erfassen und dem generativen Verhalten bestehen, dann ist die Stellungnahme der Frauen zu ihrer sozialen Schichtzugehörigkeit, insbesondere die Zufriedenheit mit ihrer gegenwärtigen Situation ein Merkmal, das sich durchaus auch auf das generative Verhalten auswirken kann. Wir haben daher gefragt: „Wenn Sie heute nochmals mit Ihrer Ausbildung beginnen könnten, würden Sie dann etwas anderes machen, oder würden Sie Ihren jetzigen Beruf wieder erlernen?" (I, 25). Dabei haben wir, wenn die Frau keinen Beruf hatte, anstelle des zu erlernenden jetzigen Berufes das Anstreben des gegenwärtigen Zustandes eingesetzt. Das Ergebnis dieser Frage war, daß 55 % aller Interviewten etwas anderes machen würden, wenn sie könnten. Diese Änderungswünsche bzw. diese soziale und Bildungs-Unzufriedenheit zeigt eine deutliche soziale Staffelung (Tab. 22): je höher die Sozialschicht des Mannes, desto geringer werden die Wünsche der Frau nach Änderung ihrer gegenwärtigen Situation. Dies zeigt sich besonders, wenn die Antworten der berufstätigen Frauen nach den von ihnen selbst erworbenen Sozialschichtenzugehörigkeiten gegliedert werden; der Änderungswunsch in den Sozialschichten A und B sinkt dann auf ein Drittel bzw. die Hälfte der in Tab. 22 angegebenen Häufigkeiten. In den Schichten C und D sind die Werte etwa entsprechend, und Frauen, die selbst in einem Beruf der Schichtenzugehörigkeit E arbeiten, weisen einen gegenüber dem in

Tab. 22: Berufsänderungswünsche der Frau nach der Sozialschicht des Mannes (in %)

Berufsänderungswunsch	Sozialschicht des Mannes				
	A	B	C	D	E
ja	46	50	55	58	59
nein	52	44	44	39	35
keine Angabe, weiß nicht	1	5	1	3	5
N = 100 %	290	491	692	1186	229

Tab. 22 angegebenen Wert deutlich erhöhten Prozentsatz an Änderungswünschen auf.

Ein direkter Bezug dieser sozialen und Bildungs-Unzufriedenheit zu den Vektoren des generativen Verhaltens war — außer zu der bereits vorhandenen Kinderzahl — nicht festzustellen.

In Tab. 23 haben wir, entsprechend unserem Vorgehen bei der Gliederung nach dem Schulabschluß der befragten Frau, wieder die Kennwerte für die Anzahl der bereits

Tab. 23: Kennwerte der vorhandenen, gewünschten (= erwarteten) und individuell für ideal gehaltenen Kinderzahl nach der Sozialschicht des Mannes (Median und Quartile 25 und 75)

Kinderzahl		Sozialschicht des Mannes				
		A	B	C	D	E
vorhandene	Mdn	2,30	2,40	2,56	2,69	2,74
	Q_{25}	1,24	1,39	1,66	1,87	1,91
	Q_{75}	3,31	3,36	3,50	3,64	3,69
gewünschte	Mdn	3,08	2,98	2,89	2,93	2,93
(= erwartete)	Q_{25}	2,45	2,38	2,32	2,35	2,32
	Q_{75}	3,74	3,71	3,69	3,76	3,76
individuelles	Mdn	3,14	2,93	2,77	2,73	2,72
Ideal	Q_{25}	2,50	2,40	2,32	2,29	2,29
	Q_{75}	3,89	3,74	3,50	3,39	3,39

vorhandenen, von den Frauen gewünschten (= erwarteten) und von ihnen für ideal gehaltenen Kinderzahlen zusammengestellt.

Bei dieser Differenzierung nach der Sozialschichtenzugehörigkeit des Ehemannes zeigt sich, daß nur in den Schichten A und B die obere Grenze der individuell für ideal gehaltenen Kinderzahl höher liegt als die der unter den gegebenen Umständen erwarteten Kinderzahl.

Den Einfluß sozialer Faktoren auf das generative Verhalten der einbezogenen Familien zusammenfassend, können wir insgesamt eine positive Beziehung zwischen sozio-kultureller Position der Ehepartner und der von ihnen für die eigene Familie als ideal erachteten Kinderzahl feststellen. Die Verwirklichung dieser Idealvorstellungen könnte für die oberen Sozialschichten jedoch daran scheitern, daß diese unter den gegebenen Bedingungen vor der Bewältigung der aus der Sozialisationsaufgabe resultierenden Schwierigkeiten zurückschrecken und bewußt daraufhin ihre Kinderzahl begrenzen. Dieser realitätsbezogenen, positiven Einstellung zur Familienplanung der sozialen Oberschichten steht bei den unteren Sozialschichten eine offenbar eher fatalistisch-skeptische Einstellung im generativen Bereich gegenüber: die Reduzierung der Familiengröße auf die individuell für ideal gehaltene Kinderzahl scheint außerhalb des Erreichbaren zu liegen, und zu den oralen Antikonzeptiva zeigt diese Gruppe eine deutlich ablehnendere Haltung.

b) Der Einfluß ökonomischer Faktoren

Bei der Untersuchung des Zusammenhangs zwischen ökonomischen Faktoren und generativem Verhalten treffen wir auf ein Beziehungssystem, das seit langer Zeit Gegenstand intensiver Diskussionen ist. Zahlreiche Versuche, das Bevölkerungsgeschehen, insbesondere das generative Verhalten, zu „erklären", haben bisher an diesem Punkt angesetzt. Nach den Ergebnissen neuerer Untersuchungen (Kap. I, 2 b) sowie nach dem im vorangegangenen aufgezeigten Zusammenhang zur sozio-kulturellen Position der Ehepartner, wäre – im Gegensatz zu früher – auch ein positiver Zusammenhang zwischen der Einkommenshöhe und der Kinderzahl gegenwärtig in der Bundesrepublik zu vermuten.

Obwohl das monatliche Haushaltsnettoeinkommen einer Familie relativ einfach erfaßbar ist, kann dieser Faktor allein noch nicht zur Beurteilung der Beziehung zwischen ökonomischen Bedingungen und generativem Verhalten ausreichen. Vielmehr scheint es nach bisherigen Hypothesen darauf anzukommen, wie ein bestimmtes, objektiv erfaßbares Einkommen von den Individuen jeweils beurteilt wird, d. h. die Frage, wieweit aus dem Einkommen ein Sicherheitsgefühl resultiert und welche Erwartungen hinsichtlich der zukünftigen Einkommensentwicklung bestehen, ist – neben gruppenspezifischen Konsumnormen – hierbei mit von Bedeutung.

Wir haben daher in unserer Befragung nicht nur das Haushaltsnettoeinkommen, sondern auch die subjektive Einschätzung der finanziellen Lage, eheliche Diskussionen über die finanzielle Situation sowie weitere Fragen der wirtschaftlichen Situation der Familie erfaßt. Dabei ist zu berücksichtigen, daß alle diese Faktoren – wenn auch in unterschiedlicher Intensität – mit dem Gesamtkomplex „soziale Schicht" in Zusammenhang stehen. Aus der nachfolgenden Tab. 24, die die in unserer Stichprobe festgestellte Beziehung zwischen der Einkommenshöhe und der Sozialschichtenzugehörigkeit zeigt, geht hervor, daß zwischen diesen beiden Faktoren ein sehr enger positiver Zusammenhang besteht.

Tab. 24: Die Höhe des Haushaltsnettoeinkommens nach der Sozialschicht des Mannes (in %)

Einkommenshöhe (DM)	Sozialschicht des Mannes				
	A	B	C	D	E
unter 800	8	9	14	19	21
800 bis 1200	11	23	40	49	51
1200 bis 1800	34	36	32	25	23
1800 und mehr	47	32	14	7	5
N = 100 %	290	491	692	1186	229

Die Höhe des Haushaltsnettoeinkommens

Um zunächst einen Eindruck über die Beziehungen zwischen den auf der Einkommensseite zahlenmäßig erfaßbaren Faktoren und dem generativen Verhalten zu bekommen, haben wir folgende Frage gestellt: „Würden Sie mir bitte nach dieser Karte hier das Nettoeinkommen von Ihnen und Ihrem Ehemann zusammengenommen angeben? Bitte, rechnen Sie dem Nettoeinkommen auch alle Einkünfte aus Vermietung, Versicherung, Renten und sonstigem Vermögen hinzu." (I, 19). Die Einkommensgruppen waren von uns vorgegeben.

Tab. 25 zeigt, daß insgesamt mit steigendem Einkommen eine gewisse Tendenz zur Erhöhung des Kinderzahlwunsches besteht. Bei der höchsten Einkommensklasse (über DM 1800,— Nettoeinkommen) findet sich der höchste Anteil von 3-Kind-Wünschen und der geringste von Wünschen nach einem Kind.

Tab. 25: Die gewünschte (= in der Ehe erwartete) Kinderzahl nach der Höhe des Haushaltsnettoeinkommens (in %)

Gewünschte (= erwartete) Kinderzahl	Einkommenshöhe (DM)			
	unter 800	800 bis 1200	1200 bis 1800	1800 und mehr
0	10	3	2	2
1	9	9	9	6
2	37	42	46	38
3	27	28	30	36
4	10	13	9	13
5 u. m.	6	6	4	5
N = 100 %	463	1111	809	449

Auf die Frage nach der von den interviewten Ehefrauen individuell als ideal angesehenen Kinderzahl (Tab. 26) ergaben sich ähnliche Befunde, wie wir sie auch bei einer Untergliederung nach der Sozialschicht des Ehemannes fanden (vgl. Tab. 19). Einzelkinder werden häufiger gewünscht bzw. erwartet, jedoch seltener als ideal angesehen. Im übrigen zeigt sich, daß besonders in den unteren Einkommensklassen die idealen Kinderzahlen unter denen liegen, die die Befragten in ihrer Ehe erwarten.

Bei der Frage, wie groß eine normale deutsche Familie im Idealfall sein sollte (Tab. 27), zeigt sich wieder, daß die individuellen Vorstellungen gegenüber den

Tab. 26: Die individuell für ideal gehaltene Kinderzahl nach der Höhe des Haushaltsnettoeinkommens (in %)

Ideale Kinderzahl	Einkommenshöhe (DM)			
	unter 800	800 bis 1200	1200 bis 1800	1800 und mehr
0	2	2	1	2
1	7	6	5	4
2	53	57	58	41
3	26	23	25	32
4	7	9	8	15
5 u. m	4	3	4	6
N = 100 %	401	1045	780	443

über-individuellen stark abweichen. In nahezu allen Einkommensschichten findet sich eine besondere Betonung der 2-Kind-Familie, die über das Maß der individuell für ideal gehaltenen 2-Kind-Familien deutlich hinausgeht. Bei 3 Kindern ist der Unterschied zwischen dem individuellen Ideal und dem für normal gehaltenen weniger deutlich ausgeprägt. 4-Kind-Familien werden besonders in den mittleren Einkommensgruppen nur von wenigen Frauen als normal für eine deutsche Familie angesehen; diese Werte liegen ganz eindeutig unter dem, was die Frauen selbst als individuelles Ideal bezeichnen.

Tab. 27: Die für eine normale deutsche Familie für ideal gehaltene Kinderzahl nach der Höhe des Haushaltsnettoeinkommens (in %)

Normale Kinderzahl	Einkommenshöhe (DM)			
	unter 800	800 bis 1200	1200 bis 1800	1800 und mehr
1	6	2	2	2
2	58	68	68	62
3	29	26	27	31
4	4	2	2	5
5 u. m.	4	2	1	–
N = 100 %	463	1121	820	466

Nach diesem rein zahlenmäßigen Abstecken des geplanten Rahmens für das generative Verhalten in Abhängigkeit von dem Einkommen der Familie werfen wir einen Blick auf Befragungsergebnisse, die diese Befunde ergänzen können. In bezug auf die Stellungnahme zur Geburtenkontrolle durch orale Antikonzeptiva zeigt sich – gemäß des Zusammenhangs zwischen Sozialschicht und Einkommenshöhe – eine Tendenz der Abnahme negativer Einstellungen mit steigendem Einkommen und umgekehrt (Tab. 28).
Die Frage, auf welche Gründe die Beschränkung der Kinderzahl in den deutschen Familien der Gegenwart zurückgeführt wird, ist in diesem Zusammenhang insofern von Interesse, als ein direkt einkommensabhängiger Grund, nämlich „finanzielle Gründe" in diesem Fragenkomplex eine Rolle spielt. Tab. 29 zeigt, daß diese Be-

Tab. 28: Die Einstellung zur „Pille" nach der Höhe des Haushaltsnettoeinkommens (in %)

Einstellung zur „Pille"	Einkommenshöhe (DM)			
	unter 800	800 bis 1200	1200 bis 1800	1800 und mehr
negativ				
generell u. sonst. Bedenken	23	22	14	13
moralische Bedenken	2	3	2	3
medizinische Bedenken	15	14	13	10
insgesamt	40	38	29	26
positiv				
generell	39	47	59	61
medizin. Einschränkungen	4	5	4	7
sonst. Einschränkungen	13	7	6	4
insgesamt	56	58	68	71
weiß nicht und sonstige	4	3	3	3
N = 100 %	462	1112	814	464

gründung in allen Einkommensgruppen von mehr als der Hälfte der Befragten gegeben wird, daß jedoch — ab einem Einkommen von DM 800,— monatlich — mit stei-

Tab. 29: Die Verteilung der Meinungen über die Gründe für die Kinderzahlbeschränkung nach der Höhe des Haushaltsnettoeinkommens (in %)

Gründe für die Kinderzahl-beschränkung	Einkommenshöhe (DM)			
	unter 800	800 bis 1200	1200 bis 1800	1800 und mehr
finanzielle Gründe	53	58	56	51
beschr. Wohnraum	18	12	12	11
Bequemlichkeit	10	11	14	17
Berufstätigkeit der Frau	4	4	5	5
Erziehungsschwierigkeiten	3	3	3	5
„man hat nicht mehr Kinder"	3	2	3	1
unsichere Verhältnisse u. sonst.	8	10	8	10
N = 100 %	452	1073	793	454

gendem Einkommen dieser Grund relativ an Bedeutung verliert. Es ist weiterhin festzustellen, daß mit steigendem Einkommen der Anteil derer zunimmt, die die Reduzierung der Kinderzahl in den heutigen Ehen auf die Bequemlichkeit der Ehepartner zurückführen. Dagegen zeigt sich zu der Antwort, daß in der unzureichenden Wohnungssituation die Ursache des Geburtenrückgangs zu vermuten sei, ein negativer Zusammenhang zwischen der Einkommenshöhe und der Häufigkeit der Nennungen.

Die subjektive Einschätzung der Finanzlage
Um auch den subjektiven Bewertungsaspekt mit zu erfassen, stellten wir die Frage: „Wie würden Sie allgemein Ihre finanzielle Lage bezeichnen? Ist sie sehr gut, gut, nicht gut aber auch nicht schlecht, weniger gut, schlecht?" (I, 20). Es zeigte sich, daß

die Antworten auf diese Frage einen deutlich positiven Zusammenhang zu der Höhe des Haushaltsnettoeinkommens aufwiesen ($CC_{corr} = .50$). Sehr-gut-Beurteilungen fanden sich in nennenswerter Zahl nur in der höchsten Einkommensgruppe, Schlecht-Beurteilungen fast nur in der niedrigsten. Zwischen diesen beiden Extremen steigen Einkommen und subjektive Einschätzung der finanziellen Situation der Familie nahezu parallel an. Es wäre daher kaum zu erwarten, daß eine Gliederung der gewünschten Kinderzahl unter dem Aspekt der subjektiven Einschätzung der finanziellen Lage zu wesentlich anderen Ergebnissen führt.

Vergleichen wir die Median-Werte der gewünschten Kinderzahlen unter diesen beiden Gruppierungsaspekten, so ist festzustellen, daß der Median der Gruppe, die ihre finanzielle Lage als sehr gut bezeichnet, um 0,1 über dem der höchsten Einkommensklasse liegt, während die Gruppe derjenigen, die ihre Situation als schlecht bezeichnet, in ihrem mittleren Kinderwunsch denen der untersten Einkommensklasse gleicht.

Die Prüfung der Frage nach dem subjektiven Ideal der Kinderzahl unserer Befragten erbrachte bei der Gliederung nach der subjektiven Beurteilung der finanziellen Situation gleichfalls ein weitgehend übereinstimmendes Ergebnis mit der Gliederung nach dem Nettoeinkommen (Tab. 26). Als Besonderheit fällt lediglich auf, daß die Frauen, die ihre finanzielle Situation als schlecht einschätzen, einen hohen Prozentsatz derer stellen, die keine Angaben über ihre Idealvorstellungen einer Kinderzahl machen.

Auch hinsichtlich der Beurteilung der oralen Antikonzeptiva zeigen sich bei einer Gliederung nach Einschätzung der finanziellen Lage keine Befunde, die deutlich von dem abweichen, was uns bereits aus der Einkommensgliederung (Tab. 28) bekannt ist. Bei der Frage nach den Gründen für die Kinderzahlbeschränkung in unserer Bevölkerung fällt auf, daß die Frauen, die ihre finanzielle Lage als sehr gut einschätzen, abweichend von Tab. 29 einen erhöhten Anteil derer stellen, die die Berufstätigkeit der Frau als wesentliche Ursache herausstellen. Von den Frauen, die ihre finanzielle Lage als schlecht beurteilen, wird der Grund „man hat nicht mehr Kinder" vergleichsweise häufig genannt (7 %).

Eine Art Ergänzung der Frage nach der subjektiven Einschätzung der finanziellen Lage der Familie stellt die folgende Frage dar: „Wie oft machen Sie sich Gedanken oder wie oft diskutieren Sie darüber, wie Sie Ihren laufenden finanziellen Verpflichtungen am besten nachkommen können?" (I, 23). Ebenso wie bei der Frage der subjektiven Einschätzung der finanziellen Situation ist es auch bei dieser Frage nach der Häufigkeit der Reflexion über die Finanzlage der Familie theoretisch durchaus denkbar, daß sich solche Diskussionen und Überlegungen völlig unabhängig von den objektiv meßbaren finanziellen Gegebenheiten der Familie verhalten. Wie wir im Vorangehenden gesehen haben, war das für die subjektive Einschätzung der wirtschaftlichen Situation nicht der Fall, sondern — ganz im Gegenteil — wir fanden eine enge Beziehung zwischen objektivem Tatbestand und subjektiver Bewertung. Unsere ergänzende Frage zeigt hier gewisse Unterschiede: Es ist nur noch eine schwach positive Beziehung zwischen der Höhe des Einkommens und der Häufigkeit von Überlegungen und Diskussionen über finanzielle Fragen in der Familie festzustellen. Etwas enger ist dagegen die Beziehung zwischen Diskussionen über finanzielle Probleme und der Einschätzung der finanziellen Lage.

Um zunächst einen generellen Eindruck zu gewinnen, wieweit Überlegungen und

Erörterungen über die Finanzlage der Familie mit der Zahl bereits vorhandener Kinder in Beziehung stehen, haben wir die vorhandene Kinderzahl nach der Häufigkeit der Finanzdiskussionen gegliedert. Es zeigt sich dabei eine ganz eindeutige Beziehung dergestalt, daß mit zunehmender Familiengröße auch die Erörterungen der Finanzlage häufiger werden (Tab. 30).

Tab. 30: Die Häufigkeit von Diskussionen über die finanzielle Lage nach der Anzahl bereits vorhandener Kinder (in %)

Häufigkeit von Finanz-Diskussionen	Vorhandene Kinderzahl						%
	0	1	2	3	4	5. u. m.	
so gut wie nie	16	11	11	8	6	9	10
selten	18	15	12	10	12	10	13
manchmal	33	31	29	29	29	34	30
öfter	20	28	28	32	29	22	28
sehr häufig	8	10	12	11	12	11	11
ständig	6	5	7	11	12	13	8
N = 100 %	301	629	883	668	265	159	2905

Parallel zu diesem Zusammenhang zwischen der bereits vorhandenen Kinderzahl und der Häufigkeit von Finanzdiskussionen zeigt sich auch in bezug auf die in der bestehenden Ehe erwartete bzw. gewünschte Kinderzahl, daß diejenigen, die angeben, sich praktisch nie mit Finanzproblemen zu beschäftigen, einen gegenüber allen anderen Gruppen niedrigeren Kinderwunsch haben: 1 und 2 Kinder treten hier häufiger auf, während 3- und 4-Kind-Familien seltener gewünscht werden (Tab. 31).

Tab. 31: Die gewünschte (= in der Ehe erwartete) Kinderzahl nach der Häufigkeit von Diskussionen über die finanzielle Lage (in %)

Häufigkeit von Finanz-Diskussionen	Gewünschte (= erwartete) Kinderzahl						N = 100 %
	0	1	2	3	4	5 u. m.	
so gut wie nie	3	14	46	22	10	5	290
selten	6	11	42	27	10	4	360
manchmal	3	8	43	29	12	5	847
öfter	1	7	41	34	12	5	789
sehr häufig	3	7	44	30	11	6	307
ständig	2	6	33	38	14	8	236

Auf der anderen Seite erwarten diejenigen Familien, die sich ständig mit der Erörterung finanzieller Probleme beschäftigen, deutlich höhere Kinderzahlen als der Durchschnitt, so daß 3-, 4- und 5-Kind-Familien von ihnen häufiger genannt werden. Um den Spielraum abzuschätzen, der bei einer Änderung der Außenbedingungen für eine Erweiterung oder auch Einschränkung des generativen Verhaltens vorgesehen ist, haben wir die Frage nach der individuell als ideal angesehenen Kinderzahl ebenfalls nach diesen Reflexionen über die Finanzlage gegliedert. Dabei konnten wir feststellen, daß die subjektiven Idealvorstellungen praktisch keine Unterschiede zeigen, ganz gleich, ob Finanzfragen ständig oder nie diskutiert werden. Die Erfragung der Gründe für die gegenwärtige Geburtenbeschränkung erbrachte in diesem Zusammenhang nur eine Besonderheit: Frauen, die angeben, daß sie sehr häufig oder ständig Diskussionen über die Finanzlage führen, geben auch zu einem deutlich höheren Prozentsatz finanzielle Gründe als Ursache für die Kinderzahlbeschränkung an. Bei den übrigen Frauen ergaben sich keine entsprechenden Zusammenhänge.

Eine weitere Analyse der wirtschaftlichen Situation der von uns befragten Familien ergab hinsichtlich der Einkommensentwicklung im Verlauf der bisherigen Ehe (I, 21), daß bei 90% der Familien das Einkommen nahezu gleich geblieben bzw. altersbedingt und im Zuge der Gesamtentwicklung etwas gestiegen ist. Nur 6% der Befragten berichtete von einem Sinken des Einkommens. Auch die zukünftigen Einkommensperspektiven werden ähnlich positiv gesehen; nur 4% der Befragten meinten, daß ihr Einkommen in Zukunft etwas sinken würde, so daß sich dieser Gliederungspunkt für unsere Fragestellung als unergiebig erwies. In gleichem Zusammenhang wurde auch gefragt, wie hoch der Anteil von laufenden festen Belastungen (Miete, Ratenverpflichtungen etc.) am gesamten Nettoeinkommen sei (I, 24). Es zeigte sich, daß sich der Anteil der festen Belastungen mit steigendem Einkommen erhöht; je höher der Anteil der festen Belastungen, desto häufiger sind auch die Finanzdiskussionen. Hinsichtlich der gewünschten (erwarteten) Kinderzahlen wie auch der als ideal angesehenen Kinderzahlen ergaben sich keine deutlichen Beziehungen zu der Frage der differenzierten Festlegung von Einkommensbestandteilen.

Da die Erzeugung von Kindern gewissermaßen ein langfristiges Unternehmen ist, das die Familie nicht nur generell in gewissem Sinne immobilisiert, sondern auch vor allem hinsichtlich der wirtschaftlichen Situation gewissen Beschränkungen und Risiken aussetzt, ist die Frage nach einer finanziellen Absicherung der Familie von besonderem Interesse. Wir haben daher die Frage gestellt: „Nehmen wir an, daß Sie sich unerwartet zu größeren Ausgaben, mehr als 2-Monats-Nettoeinkommen, gezwungen sehen; meinen Sie, Ihr Einkommen, Ihre Ersparnisse und sonstigen Hilfsquellen (z. B. Verwandtschaft) seien groß genug, diese Ausgaben zu verkraften?" (I, 26). 57% aller Befragten gaben an, daß sie eine solche Absicherung in Höhe von etwa 2 Monatsgehältern besäßen. Bei 17% war die Absicherung nur bedingt gegeben, während 26% über keine entsprechende Sicherheit verfügten. Wenn man bedenkt, daß die Situation einer kurzfristig eintretenden wirtschaftlichen Notlage durchaus real sein kann, erscheint dieser Prozentsatz von Familien, ein Viertel der Stichprobe, die über keinerlei nennenswerte Absicherung verfügen, beachtlich. Es ist zu erwarten, und unsere Untersuchung bestätigt es, daß die wirtschaftliche Absicherung in enger Beziehung zum Einkommen, zur subjektiven Einschätzung der Finanzsituation der Familie und auch zu der Häufigkeit von entsprechenden Erörterungen im Familienkreis in Beziehung steht.

Die in unserem Zusammenhang wesentliche Frage nach den Beziehungen zwischen dem Grad der Absicherung und dem generativen Verhalten ergab dagegen keine deutlichen Zusammenhänge. Es ist zwar festzustellen, daß Familien mit 3, 4 und 5 Kindern einen größeren Anteil derer stellen, die keinerlei finanzielle Absicherung haben, jedoch sind diese Unterschiede nicht deutlich ausgeprägt; auch in bezug auf die gewünschte Kinderzahl ist festzustellen, daß sich die Differenzierungen der wirtschaftlichen Absicherung kaum auf den Kinderwunsch auswirken. In entsprechender Weise gilt das auch für das subjektive Ideal einer Kinderzahl.

Insgesamt zeigt sich — nicht nur unter dem Aspekt der absoluten Einkommenshöhe, sondern auch unter Berücksichtigung der subjektiven Einschätzung der ökonomischen Situation — zwischen generativem Verhalten und ökonomischen Faktoren ein ähnlicher Zusammenhang, wie er auch in bezug auf die soziale Differenzierung festgestellt wurde. Dieses Ergebnis läßt sich einerseits auf den positiven Zusammenhang zwischen Sozialschichtenzugehörigkeit und Einkommensniveau zurückführen, zum anderen darauf, daß die subjektive Einschätzung der finanziellen Lage gleichfalls von der Höhe des Einkommens abhängig ist: 75% derer, die ihre ökonomische Lage zumindest als gut bezeichneten, verfügten über ein Haushaltsnettoeinkommen von DM 1000,— oder mehr — unter dieser Einkommensgrenze lagen vergleichsweise jedoch knapp 50% der Haushaltsnettoeinkommen in den Familien der sozialen Grundschicht.

Vergleichen wir unter diesem Aspekt die Kennwerte des generativen Verhaltens in Abhängigkeit von der Einkommenshöhe (Tab. 32) mit denen nach der sozialen Differenzierung (Tab. 23), so ist eine starke Überlagerung sozialer und ökonomischer Bedingungsfaktoren festzustellen.

Tab. 32: Kennwerte der vorhandenen, gewünschten (= in der Ehe erwarteten) und individuell für ideal gehaltenen Kinderzahl nach der Höhe des Haushaltsnettoeinkommens (Median und Quartile 25 und 75)

Kinderzahl		Einkommenshöhe (DM)			
		unter 800	800 bis 1200	1200 bis 1800	1800 und mehr
vorhandene	Mdn	2,56	2,66	2,52	2,71
	Q_{25}	1,58	1,83	1,59	1,67
	Q_{75}	3,74	3,64	3,40	3,59
gewünschte	Mdn	2,81	2,93	2,86	3,11
(= erwartete)	Q_{25}	2,16	2,32	2,30	2,45
	Q_{75}	3,68	3,78	3,60	3,81
individuelles	Mdn	2,77	2,73	2,76	3,09
Ideal	Q_{25}	2,30	2,30	2,33	2,46
	Q_{75}	3,47	3,43	3,47	3,88

c) Der Einfluß der Religion

Fragen der Sexualethik und damit verbunden Ge- und Verbote im generativen Bereich umfassen einen wesentlichen Teil der Einflußnahme der Kirchen von sozialinstitutioneller Seite; somit ist zunächst auch grundsätzlich eine direkte Einwirkung des religiösen Bereichs auf die Fruchtbarkeit der Bevölkerung anzunehmen. Dies bedeutet jedoch andererseits noch keineswegs, daß sich auch das Verhalten der Individuen strikt an den sexualethischen Maximen der jeweiligen Religionsgemeinschaft orientiert.

Es ergibt sich hieraus also für unsere Fragestellung nach der Differenzierung des generativen Verhaltens unter konfessionellem Aspekt, daß die Angabe der formalen Konfessionszugehörigkeit allein nur von geringer Aussagekraft sein kann, sofern keinerlei Zusatzinformationen darüber vorliegen, wieweit kirchliche Verhaltensforderungen in den Bereich der individuellen Lebensgestaltung der Ehepartner integriert werden. Im Rahmen unserer Untersuchung haben wir daher nicht nur die formale Konfessionszugehörigkeit erfragt, sondern auch die Bedeutung zu erfassen versucht, die diesem Komplex in den in die Untersuchung einbezogenen Familien beigemessen wird.

Die Konfessionszugehörigkeit der Ehepartner

Für die Differenzierung unter diesem Aspekt können wir uns — in Anbetracht der Verhältnisse in der Bundesrepublik Deutschland — auf die Einteilung in die beiden großen Konfessionsgruppen „evangelisch" und „katholisch" beschränken und erhalten dann, unter Berücksichtigung der Konfessionszugehörigkeit der beiden Ehepartner, die nachfolgende Gruppierung der Angaben auf unsere Frage I, 13:

beide Partner katholisch	= 20 %
beide Partner evangelisch	= 56 %
katholisch-evangelische Mischehen	= 11 %
Zumindest einer der Partner gehört einer anderen oder keiner Konfessionsgemeinschaft an	= 13 %

Bei Aufgliederung der Kinderzahlangaben nach der Konfessionszugehörigkeit der Ehepartner (Tab. 33) zeigt sich, daß mehr als zwei Kinder am häufigsten in rein katholischen Ehen gewünscht werden, während rein evangelische Ehen eher das 2-Kind-System bevorzugen — ähnlich wie katholisch-evangelische Mischehen. Bei letzteren fällt jedoch auf, daß diese vergleichsweise häufiger auch Kinderlosigkeit wünschen oder erwarten.

Tab. 33: Die gewünschte (= in der Ehe erwartete) Kinderzahl nach der Konfessionszugehörigkeit der Ehepartner (in %)

Gewünschte (= erwartete) Kinderzahl	Konfessionszugehörigkeit der Ehepartner		
	kath.-kath.	ev.-ev.	kath.-ev.
0	1	1	4
1	6	9	9
2	37	44	42
3	33	30	28
4	15	11	12
5 u. m.	8	5	5
N = 100 %	564	1599	313

Aus diesen Angaben allein lassen sich jedoch noch keine Anhaltspunkte für die konfessionelle Differenzierung des generativen Verhaltens ableiten; denn der Anteil derer, die bereits 3 oder mehr Kinder haben, liegt in Relation zur gewünschten bzw. erwarteten Kinderzahl in allen drei Konfessionsgruppen um 10 % niedriger.

Die Antworten auf unsere Frage nach der individuell für ideal gehaltenen Kinderzahl zeigt auch unter diesem Gruppierungsaspekt wiederum für alle Gruppen eine stärkere Tendenz zum 2-Kind-System. Mehr als zwei Kinder werden in allen drei Gruppen seltener für ideal gehalten als unter den gegenwärtigen Bedingungen gewünscht bzw. erwartet; gleiches gilt auch für kleinere Familien (Tab. 34).

Da sich, wie aus Tab. 34 hervorgeht, jedoch auch in bezug auf die individuell für ideal gehaltene Kinderzahl die gleiche Tendenz zeigt, wie sie in bezug auf die unter den gegenwärtigen Bedingungen gewünschte Kinderzahl festzustellen war (Tab. 33), liegt der Schluß nahe, daß nach wie vor in der Bundesrepublik in katholischen Ehen mehr Kinder bevorzugt werden als in evangelischen.

Tab. 34: Die individuell für ideal gehaltene Kinderzahl nach der Konfessionszugehörigkeit der Ehepartner (in %)

Ideale Kinderzahl	Konfessionszugehörigkeit der Ehepartner		
	kath.-kath.	ev.-ev.	kath.-ev.
0	1	2	2
1	4	5	7
2	47	55	56
3	30	24	25
4	11	9	7
5 u. m.	6	4	3
N = 100 %	540	1562	290

Zu diesem Zusammenhang ist anzumerken, daß diese Beziehung keineswegs allein aus der Konfessionszugehörigkeit resultiert, sondern daß hierbei das katholisch-evangelische Bildungsgefälle zur Interpretation mit heranzuziehen ist. Während in der Gruppe rein katholischer Ehen Familien der unteren Sozialschichten und solche, bei denen die Ehefrau keine weiterführende Schule besucht hat, häufiger vertreten sind, zeigt sich für rein evangelische Ehen die genau entgegengesetzte Beziehung; der Anteil katholisch-evangelischer Mischehen steigt mit sinkender Soziallage an. Der Einfluß dieser Bedingungsüberlagerung macht sich auch deutlich bemerkbar, wenn wir die Einstellungen der befragten Frauen gegenüber den oralen Antikonzeptiva nach der Konfessionszugehörigkeit der Ehepartner gliedern (Tab. 35).
Einer der wesentlichsten Faktoren, die die Beziehungen zwischen Konfession und

Tab. 35: Die Einstellung zur „Pille" nach der Konfessionszugehörigkeit der Ehepartner (in %)

Einstellung zur „Pille"	Konfessionszugehörigkeit der Ehepartner		
	kath.-kath.	ev.-ev.	kath.-ev.
negativ			
generell u. sonst. Bedenken	23	17	18
moralische Bedenken	4	2	1
medizinische Bedenken	18	13	11
insgesamt	45	32	30
positiv			
generell	38	54	52
medizin. Einschränkungen	6	4	4
sonst. Einschränkungen	6	4	10
insgesamt	50	62	66
weiß nicht und sonstige	5	6	5
N = 100 %	582	1647	321

generativem Verhalten bestimmen, ist die unterschiedliche Einstellung zur Kontrazeption, insbesondere auch zu den in der katholischen Kirche umstrittenen oralen Antikonzeptiva. Der höchste Prozentsatz von Ablehnungen ist bei den rein katholischen Ehen (45%), der geringste bei den Mischehen (30%) festzustellen; in gleichem Sinne steigen auch die Befürwortungen an. So wie bei der Differenzierung unter sozialem Aspekt verlaufen auch hier medizinische Begründungen für die Ablehnung der Pille parallel mit der Gesamtzahl der Ablehnungen. Diese Beziehung kann sowohl auf ein unterschiedliches Informationsniveau als auch auf das Bemühen einer Rationalisierung eines als emotional empfundenen Verhaltens hindeuten.

Die nachfolgende Tab. 36 zeigt wiederum — diesen Komplex abschließend — die Kennwerte der zahlenmäßigen Vorstellungen im generativen Bereich unter dem Aspekt konfessioneller Differenzierung.

Tab. 36: Kennwerte der vorhandenen, gewünschten (= in der Ehe erwarteten) und individuell für ideal gehaltenen Kinderzahl nach der Konfessionszugehörigkeit der Ehepartner (Median, Quartile 25 und 75)

Kinderzahl		Konfessionszugehörigkeit der Ehepartner		
		kath.-kath.	ev.-ev.	kath.-ev.
vorhandene	Mdn	2,83	2,53	2,52
	Q_{25}	2,01	1,62	1,63
	Q_{75}	3,78	3,45	3,53
gewünschte	Mdn	3,18	2,90	2,88
(= erwartete)	Q_{25}	2,48	2,34	2,28
	Q_{75}	3,93	3,67	3,70
individuelles	Mdn	2,95	2,77	2,73
Ideal	Q_{25}	2,42	2,32	2,28
	Q_{75}	3,75	3,51	3,40

Es ist festzustellen, daß bei keiner der Konfessionsgruppen die Kennwerte der individuell für ideal gehaltenen Kinderzahl diejenigen der unter den gegenwärtigen Bedingungen gewünschten bzw. erwarteten Kinderzahl übersteigen. Weiterhin zeigt sich für alle drei Kinderzahlangaben nicht nur eine positive Beziehung zu der vorgegebenen Reihenfolge der Konfessionsgruppen, sondern unter Berücksichtigung des Zusammenhangs zur sozialen Differenzierung in Kombination mit den Tab. 17 und 23 auch ein deutlicher Überlagerungseffekt der Bedingungsfaktoren.

Die Bedeutung der religiösen Haltung

Durch die folgenden Fragen (I, 27—31) haben wir Anhaltspunkte über die Bedeutung, die der religiösen Haltung im Familienleben der in diese Untersuchung einbezogenen Ehepaare beigemessen wird, zu ermitteln versucht:

„Sind Sie kirchlich getraut?"
„Wie regelmäßig gehen Sie zur Kirche?"
„Abgesehen vom Kirchenbesuch, würden Sie sagen, daß Ihre Familie in einem eher losen, eher engen, eher gleichgültigen oder eher ablehnenden Verhältnis zur Religion steht?"
„Wie würden Sie diese Frage für sich selbst beantworten?"

„Welche Rolle spielt Ihre religiöse Haltung in Ihrem Familienleben?"
Die Antworten auf diese fünf Fragen setzten wir zueinander in Beziehung. Es erwies sich dabei die letzte Frage nach der religiösen Haltung, bei der auf einer fünfstufigen Skala von „gar keine Rolle" (— —) bis „sehr große Rolle" (++) der Grad der Religiosität zu markieren war, als besonders geeigneter Indikator der religiösen Einstellung. Die nachfolgende Tab. 37 zeigt die Verteilung der Antworten auf diese Frage in bezug zu der formalen Konfessionszugehörigkeit der Ehepartner.

Tab. 37: Die Bedeutung der religiösen Haltung im Familienleben nach der Konfessionszugehörigkeit der Ehepartner (in %)

Grad der Religiosität		Konfessionszugehörigkeit der Ehepartner		
		kath.-kath.	ev.-ev.	kath.-ev.
++	sehr religiös	22	6	6
+	religiös	24	6	8
±	weder noch	37	30	37
—	eher areligiös	9	19	18
— —	areligiös	9	39	32
N = 100 %		575	1624	310

Wenn wir auch im vorangegangenen Abschnitt eine nicht zu vernachlässigende Beziehung zwischen formaler Konfessionszugehörigkeit und Bildungsniveau der Ehepartner feststellten, so ist dies jedoch noch keineswegs dahingehend zu verallgemeinern, daß Familien der unteren Sozialschichten sich ihrer Religionsgemeinschaft stärker verbunden fühlen als Familien der oberen Sozialschichten. Es kann also nicht von vornherein davon ausgegangen werden, daß sich unter diesem Gliederungsaspekt eine gleich starke Bedingungsüberlagerung mit sozialen Faktoren zeigt wie in bezug auf die Differenzierung nach der formalen Konfessionszugehörigkeit.

Im Vergleich zu dem erwähnten Zusammenhang zwischen dem Schulabschluß der Frau bzw. der Sozialschicht des Mannes und der formalen Konfessionszugehörigkeit der Ehepartner ($CC_{corr(SA/K)} = .20$, $CC_{corr(soz.S/K)} = .14$) ist zwischen dem Grad der Religiosität und dem Schulabschluß der Frau nur mehr ein Zusammenhang von $CC_{corr} = .13$ festzustellen, und zu der Sozialschicht des Mannes zeigt sich ein Zusammenhang von $CC_{corr} = .10$, dieser ist jedoch nur auf dem 10 %-Signifikanzniveau gesichert; zu den ökonomischen Einflußfaktoren zeigt sich hingegen keinerlei signifikante Beziehung. Mit unserer Frage nach der Selbsteinschätzung der religiösen Haltung haben wir somit einen Indikator religiöser Einstellung erfaßt, der sowohl von sozialen als auch von ökonomischen Bedingungsfaktoren relativ unabhängig ist. Andererseits zeigt sich jedoch, daß der Grad der Religiosität einen Zusammenhang von $CC_{corr} = .43$ zu der formalen Konfessionszugehörigkeit der Ehepartner aufweist (Tab. 37), der besagt, daß rein katholische Ehen religionsgebundener sind als rein evangelische Ehen; katholisch-evangelische Mischehen nehmen dabei eine intermediäre Stellung ein. Es ist daher zu erwarten, daß unter diesem Gruppierungsaspekt eine stärkere Differenzierung generativen Verhaltens in Abhängigkeit von der Religion festzustellen ist; denn daß ein solcher Zusammenhang auch gegenwärtig noch besteht, ist auf Grund des vorangegangenen Abschnittes anzunehmen. Während sich unter den genannten Begründungen für die Kinderzahlbeschränkung in den heutigen Ehen keine differenzierten Einstellungsschwerpunkte in Abhängigkeit von dem Grad der Religiosität der Frau finden, zeigen sich ausgeprägte Meinungsunterschiede jedoch in bezug auf die oralen Antikonzeptiva – und zwar in der Weise, daß eine positive Beziehung zwischen dem Grad der Religiosität und der Ablehnung der Pille festzustellen ist (Tab. 38). Auffallend ist in diesem Zusammen-

Tab. 38: Die Einstellung zur „Pille" nach der Bedeutung der religiösen Haltung im Familienleben (in %)

Einstellung zur „Pille"	Grad der Religiosität				
	++	+	±	—	--
negativ					
generell u. sonst. Bedenken	24	20	20	18	15
moralische Bedenken	5	3	3	2	1
medizinische Bedenken	16	20	14	11	11
insgesamt	45	43	37	31	27
positiv					
generell	36	38	47	54	57
medizin. Einschränkungen	5	6	4	4	4
sonst. Einschränkungen	6	8	5	6	7
insgesamt	47	52	56	64	68
weiß nicht und sonstige	7	4	6	5	4
N = 100 %	266	289	893	462	985

hang, daß der Anteil der medizinischen Begründungen für die Ablehnung der Pille von den Areligiösen (--) bis zu denen größerer Religiosität hin ansteigt, dann aber in der Gruppe größter Religiosität (++) wieder absinkt. Dieses Ergebnis könnte als Ausdruck dafür interpretiert werden, daß Frauen dieser Gruppe nicht nach rationalisierenden Begründungen für ihre negative Einstellung zu den oralen Antikonzeptiva suchen, sondern sich zu der aus ihrer religiösen Haltung entstandenen Ablehnung bekennen.

Hinsichtlich der bereits vorhandenen Kinderzahl zeigt sich eine sehr ausgeprägte

Tab. 39: Die gewünschte (= in der Ehe erwartete) Kinderzahl nach der Bedeutung der religiösen Haltung im Familienleben (in %)

Gewünschte (= erwartete) Kinderzahl	Grad der Religiosität				
	++	+	±	—	--
0	3	1	1	3	5
1	3	6	6	10	11
2	25	32	43	47	46
3	41	39	32	26	26
4	20	15	12	9	9
5 u. m.	9	7	6	4	3
N = 100 %	260	282	872	450	948

Differenzierung im Sinne einer Anreicherung der Fruchtbarkeit bei religiösen Frauen; es ist also zu erwarten, daß auch die geplante bzw. gewünschte Kinderzahl eine entsprechende Differenzierung aufweist. Tab. 39 zeigt diesen Befund recht deutlich: Die höchsten Kinderwünsche finden sich bei den sehr Religiösen; die Werte sinken dann mit abnehmender Religiosität ab.

In bezug auf die individuell für ideal gehaltene Kinderzahl zeigt sich insgesamt ein ähnlich positiver Zusammenhang wie auch in bezug auf die unter den gegebenen Umständen erwartete Kinderzahl; jedoch tendieren alle Gruppen verstärkt wieder zum 2-Kind-System (Tab. 40).

Tab. 40: Die individuell für ideal gehaltene Kinderzahl nach der Bedeutung der religiösen Haltung im Familienleben (in %)

Ideale Kinderzahl	Grad der Religiosität				
	++	+	±	−	−−
0	1	1	2	2	3
1	3	3	5	6	6
2	35	38	53	60	62
3	34	36	27	21	20
4	17	15	8	10	6
5 u. m.	10	7	4	2	3
N = 100 %	248	271	855	415	890

Den Zusammenhang zwischen der von der Frau gewünschten bzw. erwarteten Kinderzahl und der Meinungskonvergenz der Ehepartner in bezug auf die gewünschte Familiengröße erwähnten wir zu Anfang von Kap. IV, 2. Dieser Zusammenhang zeigt sich verstärkt unter dem Aspekt der Religiosität, so daß nicht nur der Schluß nahe liegt, daß Ehemänner stärker zur 2-Kind-Norm tendieren als ihre Frauen, sondern daß für die Fruchtbarkeit der Familie im Endeffekt der Kinderwunsch der Frau bestimmender ist als der des Mannes; dieser beeinflußt dem Anschein nach mehr die Idealvorstellung. Es ist festzustellen, daß Frauen, die angeben, daß ihre religiöse Haltung im Familienleben bedeutungslos sei, häufiger auch angeben, daß sich ihr Ehemann mehr Kinder als sie selbst wünscht. In der Gruppe derer, die sich als sehr religionsverbunden bezeichnet, wünscht sich dagegen der Ehemann offenbar häufiger weniger Kinder als die Frau.

Die Kennwerte des generativen Verhaltens, dargestellt in der nachfolgenden Tab. 41, verdeutlichen nochmals den positiven Zusammenhang zwischen den zahlenmäßigen Vorstellungen im generativen Bereich und dem Grad der Religiosität. Bei keiner der Gruppen ist eine ausgeprägt positive Differenz zwischen der gewünschten und der individuell für ideal gehaltenen Kinderzahl, ähnlich wie bei den höheren Sozialgruppen, festzustellen; die Obergrenze der individuell für ideal gehaltenen Kinderzahl übersteigt — wie auch bei der Differenzierung nach der formalen Konfessionszugehörigkeit — bei keiner Gruppe deutlich die Obergrenze der unter den gegebenen Bedingungen gewünschten (bzw. erwarteten) Kinderzahl. Vergleichen wir dagegen die Kennwerte in bezug auf die gewünschte Kinderzahl mit denen der bereits vorhandenen Kinderzahl, so ist festzustellen, daß mit abnehmender Religiosität die Differenz zwischen der vorhandenen und der gewünschten Kinderzahl zunimmt.

Tab. 41: Kennwerte der vorhandenen, gewünschten (= in der Ehe erwarteten) und individuell für ideal gehaltenen Kinderzahl nach der Bedeutung der religiösen Haltung im Familienleben (Median und Quartile 25 und 75)

Kinderzahl		++	+	±	—	— —
		\multicolumn{5}{c}{Grad der Religiosität}				
vorhandene	Mdn	3,47	2,97	2,73	2,40	2,30
	Q_{25}	2,49	2,10	1,92	1,44	1,37
	Q_{75}	4,72	3,70	3,64	3,37	3,25
gewünschte	Mdn	3,48	3,27	2,99	2,78	2,74
(= erwartete)	Q_{25}	2,78	2,55	2,40	2,25	2,19
	Q_{75}	4,19	3,91	3,77	3,56	3,50
individuelles	Mdn	3,33	3,22	2,81	2,71	2,66
Ideal	Q_{25}	2,60	2,55	2,34	2,29	2,26
	Q_{75}	4,14	3,92	3,54	3,35	3,19

d) Der Einfluß der Stadt-Land-Differenzierung

Seit der Zeit, als die Land-Stadt-Differenzierung unter demographischem Aspekt an Bedeutung gewann, d. h. also im wesentlichen erst seit Beginn des Industriezeitalters, ist es eine sich immer wieder bestätigende Tatsache, daß die Landbevölkerung fruchtbarer ist als die Stadtbevölkerung. Dieser Befund fand seit der Wende dieses Jahrhunderts besondere Beachtung, als die mit der zunehmenden Industrialisierung Hand in Hand gehende Rationalisierung des generativen Verhaltens zunächst in der emanzipierteren Stadtbevölkerung um sich griff und sich dann erst langsam auf die Bevölkerung der übrigen Ortsgrößenklassen ausdehnte. Bis in die Mitte dieses Jahrhunderts hinein hat man zur Begründung dieser spezifischen, insbesondere für die Großstadtbevölkerung charakteristischen antinatalistischen Haltung eine ganze Reihe von Faktoren genannt, die aber meist einer mehr oder weniger gefühlsbetonten Haltung entsprangen.

Die Stadt-Land-Differenzierung ist jedoch nur zu einem Teil durch ortsgrößenklassenspezifische Gründe zu erklären; daneben ist auch die ungleiche Verteilung der beiden großen Konfessionen, die Unterschiede des Bildungsstandes und der Sozialschichtenverteilung sowie nicht zuletzt die unterschiedliche Situation auf dem Wohnungsmarkt von Bedeutung.

In der Literatur der letzten Jahrzehnte spielt die Frage nach der Größe und dem Preis der Wohnung im Zusammenhang mit dem generativen Verhalten der Bevölkerung immer wieder eine Rolle. Es wird im allgemeinen davon ausgegangen, daß eine mehr oder weniger enge Beziehung zwischen der Wohnungsgröße und der Kinderzahl der Familie besteht, die besonders auch in dem Sinne interpretiert wird, daß zu kleine Wohnungen mit als ein Grund für die Kinderzahlbeschränkung anzusehen sind. Da in der Zeit nach dem 2. Weltkrieg in den Städten der Bundesrepublik vorzugsweise relativ kleine Wohnungen gebaut wurden, um bei gleichem Bauvolumen möglichst viele Wohnungssuchende unterzubringen, liegt es nahe, daß bei steigendem Kinderwunsch und auch bei steigendem Anspruchsniveau eine als zu klein empfundene Wohnung Auswirkungen auf die Fruchtbarkeit der Bevölkerung haben kann. Da die Größe der Wohnung andererseits auch von der ökonomischen Leistungsfähigkeit der Familie abhängt, ist dieser Fragenkomplex teils dem Bereich der wirtschaftlichen teils dem regionaler Faktoren zuzurechnen.

Die Ortsgrößenklasse des Wohnorts

Um die Stadt-Land-Differenzierung der Fruchtbarkeit sowohl hinsichtlich der Ergebnisse des bisherigen generativen Verhaltens als auch der Planung zukünftigen Verhaltens zu erfassen, haben wir unser Untersuchungsgut in 6 Gruppen aufgeteilt, die sich aus den geographischen Gegebenheiten der drei Bundesländer Hamburg, Schleswig-Holstein und Rheinland-Pfalz ergeben:

1. Die Stadt Hamburg = 23 %
2. Hamburg-Umland (Großraum Hamburg) = 4 %
3. Großstädte über 100 000 Einwohner = 23 %
4. Städte zwischen 20 000 und 100 000 Einwohnern = 15 %
5. Das Umland der Großstädte = 10 %
6. Landgebiete einschließlich Ortschaften unter 20 000 Einwohnern = 25 %

Diese Einteilung wurde aus praktischen Gründen gewählt; denn eine rein schematische Gliederung nach Ortsgrößenklasse würde z. B. organisch zu einer Großstadt gehörende, jedoch politisch einem anderen Bereich zugeordnete Siedlungen mit geringer Einwohnerzahl mit anderen Siedlungen zusammenfassen, die zwar die gleiche Einwohnerzahl haben, die jedoch durch einen hohen Anteil landwirtschaftlicher Bevölkerung charakterisiert sind.

Eine Aufgliederung der vorhandenen Kinderzahl in den untersuchten Familien nach diesem Zuordnungsprinzip zeigt, daß in Hamburg und in den Großstädten kinderlose Familien relativ häufig sind. In Hamburg-Umland bzw. im Umland der Großstädte finden sich Zwei-Kind-Familien überproportional häufig, während die Landgebiete (Gruppe 6) den geringsten Anteil von Null- und Ein-Kind-Familien, dafür aber den höchsten an Drei- und Vier-Kind-Familien haben.

Um die Wünsche und Idealvorstellungen hinsichtlich des generativen Verhaltens in die bisherigen Ergebnisse einordnen zu können, ist zunächst die Bevölkerung der von uns zusammengefaßten regionalen Gruppen in einigen für das generative Verhalten bedeutsamen Merkmalen zu charakterisieren. Hinsichtlich der sozialen Differenzierung der Familien, gemessen am Beruf des Mannes, zeigt sich, daß mit sinkender Ortsgröße die sozialen Unterschichten angereichert sind. In gleichem Sinne sinken auch die Einkommen von Hamburg, Hamburg-Umland und den Großstädten bis zum Landgebiet ab; die Einschätzung der Finanzlage der Familie weist allerdings keine entsprechende Differenzierung nach der Ortsgrößenklasse auf. Unter dem Aspekt der konfessionellen Gliederung zeigt sich, daß katholische Ehen auf dem Lande häufiger sind, evangelische und „sonstige" in der Großstadt. Die Kirchenbesuchsfrequenz ist eng an die Ortsgrößenklasse gebunden und wird, wie auch die Rolle, die die Religion im Familienleben spielt, mit sinkender Ortsgrößenklasse größer.

Ein unter Stadt-Land-Aspekten für das generative Verhalten bedeutsamer Bereich ist die Unterordnung des Individuums unter als normativ empfundene Bedingungen, die teils noch unter vorindustriellen Einflüssen stehen können. So zeigt sich nicht nur eine ortsgrößenklassenabhängige Einstellung gegenüber den oralen Antikonzeptiva (Tab. 42), sondern wir finden sie auch in anderen Bereichen. Hierzu gehört die spontan geäußerte Begründung für die Kinderzahlbeschränkung „man hat nicht mehr Kinder", die auf dem Land gegenüber der Großstadt wesentlich häufiger

Tab. 42: Die Einstellung zur „Pille" nach der Ortsgrößenklasse des Wohnorts (in %)

Einstellung zur „Pille"	Ortsgrößenklasse					
	1	2	3	4	5	6
negativ						
generell u. sonst. Bedenken	16	13	13	15	18	25
moralische Bedenken	2	1	3	3	4	3
medizinische Bedenken	8	9	13	13	20	16
insgesamt	26	23	29	31	42	44
positiv						
generell	52	58	59	56	47	35
medizin. Einschränkungen	4	5	5	3	8	5
sonst. Einschränkungen	13	5	5	3	3	7
insgesamt	69	68	69	62	58	47
weiß nicht und sonstige	6	10	3	6	1	7
N = 100 %	683	110	684	431	291	753

genannt wird; in der Großstadt dagegen steht als entscheidender Grund für die Kinderzahlbeschränkung an erster Stelle die Frage des Wohnraums. In die gleiche Richtung zielt auch die auf dem Lande häufiger gegebene Begründung für eine plötzliche Änderung der gewünschten Kinderzahl: man wünsche „noch einen Jungen". In der Stadt dagegen lauten die Begründungen „ich wollte kein Einzelkind" oder auch „ich wollte plötzlich mehr Kinder haben."

In bezug auf die in der Ehe gewünschten bzw. erwartete Kinderzahl zeigt sich — parallel zu der bereits vorhandenen —, daß auf dem Lande Drei- und Mehr-Kind-Wünsche angereichert sind, während Null-Kind-Wünsche sich in der Großstadt am häufigsten finden (Tab. 43). Charakteristisch ist, daß der niedrige Kinderwunsch

Tab. 43: Die gewünschte (= in der Ehe erwartete) Kinderzahl nach der Ortsgrößenklasse des Wohnorts (in %)

Gewünschte (= erwartete) Kinderzahl	Ortsgrößenklasse					
	1	2	3	4	5	6
0	10	1	1	1	1	2
1	10	8	10	7	9	5
2	38	49	47	46	44	35
3	28	30	26	29	29	37
4	9	9	11	11	11	14
5 u. m.	4	4	4	5	6	7
N = 100 %	661	104	662	416	288	736

der Frau in der Großstadt häufig nicht die Zustimmung des Ehemannes findet. Wir konnten in dieser Ortsgrößenklasse feststellen, daß die Wünsche der Männer regelmäßig auf eine höhere Kinderzahl, nämlich auf die Zwei-Kind-Norm ausgerichtet sind.

Der Kinderwunsch unter Idealbedingungen ist in allen Ortsgrößenklassen relativ einheitlich (Tab. 44), nur auf dem Land wird die Drei-Kind-Familie etwas häufiger genannt. In dieser Ortsgrößenklasse wird auch auf die Frage, welche Kinderzahl für eine deutsche Familie als normal anzusehen sei, vergleichsweise häufiger die Drei-Kind-Familie angegeben.

Tab. 44: Die individuell für ideal gehaltene Kinderzahl nach der Ortsgrößenklasse des Wohnorts (in %)

Ideale Kinderzahl	\multicolumn{6}{c}{Ortsgrößenklasse}
	1	2	3	4	5	6
0	2	3	3	2	1	1
1	6	4	7	4	7	4
2	55	47	58	54	55	50
3	22	24	19	28	24	33
4	10	17	10	7	8	9
5 u. m.	4	6	4	4	4	4
N = 100 %	573	107	646	405	267	704

Da eine zunehmende Nivellierung der Stadt-Land-Differenzierung zu erwarten ist, wird es Aufgabe der weiteren Querschnitte dieser Untersuchung sein, den Wandel ortsgrößenspezifischer Verhaltensweisen sowie die auf Grund der Geburtenstatistik in der Bundesrepublik zu erwartende Angleichung des generativen Verhaltens in allen Ortsgrößenklassen zu erfassen.

Die Wohnungssituation

Im Rahmen dieser Untersuchung wurde nicht nur die Zahl der Wohnräume, sondern auch die Zahl der in diesen Räumen lebenden Personen, die Eigentumsverhältnisse und schließlich die subjektive Beurteilung der Wohnungssituation erfaßt (I, 15—18). Insgesamt zeigte sich, daß 60 % der befragten Familien im Miet- oder Untermietverhältnis leben, während 6 % Wohnungseigentümer und 34 % Hauseigentümer sind. Dieses Verhältnis entspricht annähernd den Durchschnittswerten der gesamten Bevölkerung der Bundesrepublik (vgl. 1. Familienbericht der Bundesregierung 1968, S. 210).

Um die subjektive Beurteilung der Wohnungssituation zu erfassen, stellten wir folgende Frage: „Möchten Sie eine andere Wohnung haben, oder sind Sie mit der jetzigen ganz zufrieden?" (I, 18). Bei den Antworten, die im wesentlichen in die Kategorien Wunsch nach größerer bzw. kleinerer Wohnung oder Zufriedenheit mit der Wohnung fielen, ist zu berücksichtigen, daß eine Beziehung zwischen dieser Beurteilung der Wohnungssituation und dem generativen Verhalten der befragten Familie in unterschiedlicher Weise bestehen kann: Eine junge Familie in einer für mehrere Kinder zu kleinen Wohnung wird mit der Wohnungssituation unzufrieden sein. Wenn die Familie jedoch ihr generatives Verhalten in Anbetracht der Aussichtslosigkeit des Erwerbs einer größeren Wohnung auf die Wohnungssituation abstimmt, dann tritt der ursprüngliche Kinderwunsch in den Hintergrund, und die Wohnung wird als zufriedenstellend empfunden, was sie bei der jetzt reduzierten Kinderzahl auch tatsächlich sein kann. Es ist also möglich, daß hier die gleiche Situation — je nachdem, wie sie von den Ehepartnern erlebt wird — zu unterschiedlichen Ergebnissen führt. Wenn wir also feststellen, daß 33% der Befragten eine größere Wohnung wünschen, 2% eine kleinere, während 65% mit ihrer Wohnung zufrieden sind, dann ist dieses Ergebnis unter den oben genannten Gesichtspunkten zu sehen.

Daß diese Gesichtspunkte eine erhebliche Rolle spielen, kann die nachfolgende Tab. 45 zeigen. Hier tritt ganz deutlich hervor, daß Hauseigentümer, die ihre Wohnsituation als zufriedenstellend bezeichnen, ihren Schwerpunkt bei Zwei- und Drei-Kind-Familien haben. Bei den Mietern von Wohnungen ist sowohl bei denen, die eine größere Wohnung wünschen als auch bei denen, die mit ihrer Wohnsituation zufrieden sind, die Häufigkeit von Null- und Ein-Kind-Familien besonders hoch. Drei- und Mehr-Kind-Familien liegen dagegen unter dem Durchschnitt. Insgesamt läßt sich also feststellen, daß Hauseigentümer größere Kinderzahlen haben als Mieter.

Wenn wir nach den insgesamt gewünschten bzw. erwarteten Kinderzahlen fragen, zeigt sich, daß Wünsche nach höherer Kinderzahl sich bei Hauseigentümern häufiger finden. Hier sind vor allem Wünsche nach drei und vier Kindern etwas angereichert. Bewohner von Mietwohnungen wollen häufiger nur zwei Kinder. In gleichem Sinne stellen sich auch die Idealvorstellungen über die Kinderzahl dar: Bei den Hauseigentümern tritt das Drei-Kinder-Ideal hervor, bei den Mietern vergleichsweise häufiger die Vorstellung einer Zwei-Kind-Familie als Ideal; dementsprechend verhalten sich auch die Vorstellungen über das, was heute für eine deutsche Familie als „normale Kinderzahl" anzusehen ist.

Tab. 45: Die Wohnungssituation und ihre subjektive Bewertung nach der Anzahl bereits vorhandener Kinder (in %)

Bewertung	Wohnungssituation Besitzverhältnis	Vorhandene Kinderzahl						N = 100%
		0	1	2	3	4	5 u. m.	
kleiner	Mieter	17	29	14	11	3	26	35
	Wohnungseigent.	7	7	14	7	29	36	14
	Hauseigentümer	8	17	17	33	8	17	12
zufrieden	Mieter	15	23	28	20	7	5	921
	Wohnungseigent.	10	28	32	19	9	3	115
	Hauseigentümer	4	15	33	31	11	6	824
größer	Mieter	12	27	31	18	8	4	772
	Wohnungseigent.	9	20	27	20	5	18	55
	Hauseigentümer	5	15	25	28	15	11	131
Keine Angabe		13	21	20	22	7	17	76

Die Einstellungen zur Geburtenkontrolle zeigen eine recht charakteristische Beziehung: Die höchsten Prozentsätze einer unbedingten Bejahung der oralen Antikonzeptiva finden sich bei Mietern, die eine größere Wohnung wünschen. Dann folgen in der Häufigkeit der Zustimmung die zufriedenen Mieter. Der Anteil derer, die die Pille bejahen, ist dagegen bei den zufriedenen Hauseigentümern deutlich geringer; hier finden sich häufiger generelle und medizinische Bedenken.

Dieser Zusammenhang resultiert jedoch teils daraus, daß zu der Mietergruppe häufiger Familien der oberen Sozialschicht zählen, während in der Hauseigentümergruppe Familien der sozialen Grundschicht häufiger vertreten sind. Andererseits finden sich Mietwohnungen häufiger in Städten, Einfamilienhäuser dagegen häufiger in kleineren Gemeinden. Unzufriedenheit mit der Wohnung wird somit nicht nur häufiger von Mietern als von Hauseigentümern angegeben, sondern — auf Grund des Zusammenhangs der Faktoren — auch häufiger von Städtern und von Frauen der höheren Sozialgruppe.

Die abschließende Tab. 46 zeigt in bezug auf die gewünschte Kinderzahl zwar noch die traditionelle Stadt-Land-Differenzierung; jedoch verlaufen die Kennwerte individueller Idealvorstellungen keineswegs mehr hierzu parallel.

Tab. 46: Kennwerte der vorhandenen, gewünschten (= in der Ehe erwarteten) und individuell für ideal gehaltenen Kinderzahl nach der Ortsgrößenklasse des Wohnorts (Median, Quartile 25 und 75)

Kinderzahl		Ortsgrößenklasse					
		1	2	3	4	5	6
vorhandene	Mdn	2,58	2,53	2,39	2,48	2,66	2,89
	Q_{25}	1,52	1,74	1,48	1,64	1,81	2,07
	Q_{75}	3,63	3,32	3,30	3,43	3,64	3,81
gewünschte	Mdn	2,78	2,85	2,83	2,90	2,91	3,22
(= erwartete)	Q_{25}	2,13	2,33	2,30	2,36	2,34	2,51
	Q_{75}	3,58	3,59	3,65	3,70	3,72	3,89
individuelles	Mdn	2,76	2,93	2,69	2,80	2,77	2,92
Ideal	Q_{25}	2,31	2,40	2,26	2,34	2,32	2,41
	Q_{75}	3,53	3,89	3,39	3,50	3,50	3,63

e) Der Einfluß des Emanzipationsniveaus der Frau

Als Kennzeichen des Emanzipationsniveaus bezeichnen wir die Fähigkeit und Bereitschaft des Individuums zu realitätsorientiertem Lernen und konstruktiver Konfliktlösung.

Wollte man diese Verhaltenstendenzen jedoch in einer empirischen Untersuchung direkt erfragen, so wäre günstigstenfalls auf Unverständnis zu stoßen, so daß sich für uns die Frage nach geeigneten Einstellungsindikatoren stellt.

Ausgehend von den Überlegungen von *Knebel* (1973, S. 188), daß in einer Ehe hochfalsifizierbarer Partner der Entschluß zum Kind gleichbedeutend sein müsse mit dem Entschluß „zur permanenten kritisch-fortschrittlichen Lösung von Falsifikationskrisen", wählten wir als Indikatoren des Emanzipationsniveaus der Frau Alternativfragen, deren Antwortkombinationen Rückschlüsse auf den Grad der Flexibilität und auf die Einstellung zur Kompetenzverteilung zwischen Ehepartnern zulassen. Positive Einstellung zu egalitärer Partnerschaft, Flexibilität und damit verbunden eine hohe Unsicherheitstoleranz wären als Charakteristika hochfalsifizierbarer, emanzipierter Individuen zu erwarten; denn einerseits werden emanzipierte Individuen eine tradierter Rollendifferenzierung entsprechende Ehepartnerbeziehung ablehnen, zum anderen erfordert eine auf Egalität und horizontalem Kommunikationsverlauf gegründete Partnerschaft als Voraussetzung zu konstruktiver Konfliktlösung eine erhöhte Unsicherheitstoleranz.

Unter dem Aspekt der sozialen Differenzierung hatten wir einen positiven Zusammenhang zwischen dem Schulabschluß der Frau und der von ihr für ideal gehaltenen Kinderzahl festgestellt. Ausgehend von diesem Zusammenhang und der Annahme einer gleichfalls positiven Beziehung zwischen Bildungs- und Emanzipationsniveau, wäre zu vermuten, daß auch zwischen dem Emanzipationsniveau der Frau und ihrer zahlenmäßigen Vorstellung im generativen Bereich ein positiver Zusammenhang festzustellen ist.

Die Unsicherheitstoleranz der Frau
Der Faktor Unsicherheitstoleranz entspricht in dieser Untersuchung der von *Westoff, Potter, Sagi, Mishler* (1961) untersuchten „ambiguity tolerance". Unter diesem Begriff ist die Fähigkeit eines Individuums zu verstehen, unsichere, wenig vorhersagbare Situationen oder Veränderungen in seiner Umgebung bewältigen oder zumindest tolerieren zu können. Die von *Westoff* et al. (1961) aufgestellte Fragebogen-Skala, reduziert auf die vier wichtigsten Fragen, verwendeten wir in dieser Untersuchung nach Überprüfung in deutscher Fassung *(Lengsfeld, 1973; Döhring u. Wieberinzki, 1972)*. Für die Auswertung der Befragung wurden die Antworten auf diese vier Alternativfragen in drei Gruppen nach der Höhe der Unsicherheitstoleranz der Frau zusammengefaßt (II, 3.5–3.8).

Frauen, die der Gruppe derer mit hoher Unsicherheitstoleranz zugeordnet wurden, sind demnach durch mindestens drei der folgenden Antworten (Alternative b) charakterisiert:
— es macht ihnen Freude, die unsicheren und nicht vorhersagbaren Dinge zu bewältigen;
— sie freuen sich über Abwechslungen und Unterbrechungen des täglichen Einerlei;
— sie neigen eher dazu, ihren Tagesablauf der jeweiligen Situation und ihrem eigenen Gutdünken anzupassen;
— sie zählen sich zu den Menschen, die sich in einem streng geordneten Haushalt unwohl fühlen.

Zu der Gruppe mit geringer Unsicherheitstoleranz wurden hingegen diejenigen gezählt, die auf diese vier Fragen überwiegend mit der ersten Alternative (a) antworteten, also Personen,
— die besonderen Wert darauf legen, daß alles seinen Platz hat und auch dort zu finden ist;
— die es gern haben, wenn ihr Tagesablauf sich genau nach einem bestimmten Plan richtet;
— die ärgerlich werden, wenn ihre Einteilung durch ein unvorhergesehenes Ereignis durcheinandergebracht wird;
— die etwas gegen Dinge haben, die unsicher und nicht vorhersagbar sind.

Personen, die wir als solche mit mittlerer Unsicherheitstoleranz definierten, tendierten in ihren Antworten teils zur Alternative a, teils zur Beantwortung mit Alternative b, so daß sich insgesamt keine einheitliche Richtung der Einstellung zeigt; dies war bei 34% der befragten Frauen der Fall. Auf die beiden anderen Gruppen entfielen je 30% der Befragten, und 6% machten zu diesem Fragenkomplex keine oder unvollständige Angaben.

Differenziert nach sozio-demographischen Merkmalen sind folgende Zusammenhänge hervorzuheben: Häufiger ist eine hohe Unsicherheitstoleranz bei denjenigen Frauen festzustellen, die eine weiterführende Schule abgeschlossen haben, die mit einem Mann der oberen Sozialschichten (A oder B) verheiratet sind, die über ein Haushaltsnettoeinkommen von mindestens DM 1800,– monatlich verfügen, die in Hamburg oder im Hamburger Umland wohnen und die keiner der beiden großen Konfessionen angehören. Eine geringe Unsicherheitstoleranz hatten dagegen häufiger Frauen ohne Hauptschulabschluß, verheiratet mit einem Mann der sozialen Grundschichten (D oder E), mit einem Haushaltsnettoeinkommen unter DM 800,–, die in Kleinstädten oder Dörfern leben sowie katholische Frauen, die mit einem gleichfalls katholischen Partner verheiratet sind.

Auch in bezug auf die Fragen nach der innerfamiliären Bedeutung der Religion, nach der Wohnungssituation sowie auch nach der Einstellung zu den oralen Antikonzeptiva zeigt sich in gleicher Weise eine Polarisierung: Während Frauen mit einer hohen Unsicherheitstoleranz häufiger angeben, daß die Religion in ihrem Familienleben keine Rolle spielt, daß sie mit ihrer Mietwohnung zufrieden sind und daß sie orale Antikonzeptiva positiv bewerten, treten diese Antworten seltener bei Frauen mit geringer Unsicherheitstoleranz auf.

Die Meinungsbildung über die Gründe für die Kinderzahlbeschränkung in den heutigen Ehen zeigt hingegen keine ausgeprägte Differenzierung in Abhängigkeit von der Unsicherheitstoleranz der Frau. Auffallend ist jedoch, daß mit steigender Unsicherheitstoleranz auch der Anteil derer zunimmt, die finanzielle Gründe und Wohnungsprobleme hierfür verantwortlich machen. Die Meinung, daß eher die Berufstätigkeit der Frau, die Schwierigkeit der Kindererziehung oder auch die Bequemlichkeit der Ehepartner als Begründung anzusehen sei, wird dagegen etwas häufiger von Frauen mit geringerer Unsicherheitstoleranz vertreten.

Auf Grund der aufgezeigten Interdependenzen zwischen dem Grad der Unsicherheitstoleranz der Frau und den bisher angesprochenen Bedingungsfaktoren ist in bezug auf die zahlenmäßigen Vorstellungen im generativen Bereich insgesamt ein Nivellierungseffekt zu erwarten; denn in der Gruppe derer mit geringer Unsicherheitstoleranz sind häufiger sowohl Frauen der unteren Sozialgruppen vertreten, die eher eine Reduzierung der Kinderzahl wünschen, als auch Frauen, die

Tab. 47: Kennwerte der vorhandenen, gewünschten (= in der Ehe erwarteten) und individuell für ideal gehaltenen Kinderzahl nach der Unsicherheitstoleranz der Frau (Median, Quartile 25 und 75)

Kinderzahl		Unsicherheitstoleranz der Frau		
		gering	mittel	hoch
vorhandene	Mdn	2,77	2,51	2,45
	Q_{25}	1,98	1,64	1,48
	Q_{75}	3,69	3,39	3,44
gewünschte	Mdn	3,02	2,86	2,98
(= erwartete)	Q_{25}	2,39	2,33	2,39
	Q_{75}	3,80	3,63	3,76
individuelles	Mdn	2,76	2,74	2,90
Ideal	Q_{25}	2,30	2,31	2,38
	Q_{75}	3,47	3,42	3,73

einen gewissen Kinderreichtum anstreben, d. h. Frauen aus ländlichen Gemeinden sowie Frauen, die sich ihrer Religion eng verbunden fühlen. Wie an Hand von Tab. 47 festzustellen, wünschen bzw. erwarten Frauen mit geringer Unsicherheitstoleranz zwar mehr Kinder als sie bereits haben, jedoch liegt bereits der Medianwert der idealen Kinderzahl unter dem der bereits vorhandenen. Eine ähnliche Diskrepanz zeigte sich auch bei Frauen ohne Hauptschulabschluß (Tab. 17) wie auch bei denen der Sozialschicht E (Tab. 23) und bei sehr hohem Religiositätsgrad (Tab. 41).

Stellen wir jedoch die Kennwerte der Gruppe mit geringer Unsicherheitstoleranz denen der Gruppe mit hoher Unsicherheitstoleranz gegenüber, so zeigt sich, daß Frauen mit geringer Unsicherheitstoleranz zwar mehr Kinder haben und erwarten als unsicherheitstolerante, daß diese jedoch vergleichsweise mehr Kinder für ideal halten, so daß sich der negative Zusammenhang zwischen vorhandener Kinderzahl und Unsicherheitstoleranz in einen positiven zur idealen Kinderzahl umkehrt.

Die Ehepartnerbeziehung

In Anlehnung an die Befragung „Ehe und Elternschaft 1964/65", die im Auftrag des Bundesministeriums für Familie, Jugend und Gesundheit durchgeführt und im Institut für Soziologie und Sozialanthropologie der Universität Erlangen-Nürnberg ausgewertet wurde, verwandten wir in dieser Untersuchung als Indikatoren der Ehepartnerbeziehung Fragen zur Rollendifferenzierung und zur Regelung der Geldverwaltung. Während mit der ersten Frage die Meinung der Frau, wie die Rollenverteilung sein sollte, ermittelt wird, eignet sich nach den Ergebnissen von *Kipp* (1968) als Indikator für die praktizierte Rollenverteilung in der Ehe die Frage nach der Art der Geldverwaltung.

Zur Rollendifferenzierung stellten wir zwei Alternativfragen (II, 3.1 u. 3.3); die folgende Antwortkombination wurde als Bevorzugung egalitärer Partnerbeziehung gewertet (Alternative b):

— Mann und Frau sind völlig gleichberechtigt. Bei Meinungsverschiedenheiten muß ein Kompromiß gefunden werden, oder derjenige setzt sich durch, der über die begründetere Ansicht verfügt — ganz gleich, ob Mann oder Frau.
— Die Frau muß genügend Zeit für ihre Familie haben, daher müssen alle Familienmitglieder — auch der Ehemann — ihr Arbeit im Haushalt abnehmen.

Als tradierten Ehevorstellungen verhaftet wurden dagegen diejenigen Frauen eingestuft, die sich bei der Frage nach der Meinungsdominanz (II, 3.3) für Aussage a entschieden, unabhängig davon, ob sie dem zustimmten, daß die Frau allein für den Haushalt zuständig sei; diese Gruppe vertrat also die Meinung, daß der Mann als Haushaltsvorstand auf Grund seiner Verantwortung für die Familienmitglieder auch Anspruch darauf habe, daß seine Ansichten von diesen als maßgebend betrachtet, seine Wünsche erfüllt werden. Die verbleibende Antwortkombination II, 3.3 b und II, 3.1 a, „bei Meinungsverschiedenheiten sind die Ehepartner gleichberechtigt, für den Haushalt sorgt die Frau allein", wurde als Mischform definiert. Von den insgesamt befragten Ehefrauen bevorzugten 51% egalitäre Rollenverteilung, 36% entschieden sich für die Mischform und nur 9% akzeptierten eine tradierten Vorstellungen entsprechende Ehepartnerbeziehung; die restlichen 4% beantworteten diese Fragen nicht — oder unvollständig.

Zur Frage nach der Art der Geldverwaltung (II, 3.9) gaben wir die folgenden fünf Möglichkeiten vor:

1. Ich verfüge über das ganze Einkommen. Wenn mein Mann etwas braucht, gebe ich es ihm. = 12 %
2. Mein Mann behält persönliches Geld. Alles andere bekomme ich. = 11 %
3. Mein Mann gibt mir das Wirtschaftsgeld und verfügt über das andere Einkommen. = 20 %
4. Wir verfügen gemeinsam über das Geld, und jeder nimmt sich den Teil, den er braucht. = 49 %
5. Wir verdienen beide und verfügen jeder über sein Einkommen. Den Haushalt finanzieren wir aus einer gemeinsamen Haushaltskasse. = 4 %

In den restlichen 122 Ehen (= 4 %) wurde die Geldverwaltung in anderer Form geregelt bzw. die Frauen gaben zu dieser Frage keine Auskunft. Zwischen der Art der Geldverwaltung und der Meinung der Frau zur Kompetenzverteilung in der Ehe ist ein Zusammenhang von $CC_{corr} = .20$ festzustellen, der besagt, daß bei egalitärer Rollenvorstellung überwiegend die Ehepartner gemeinsam über das Einkommen verfügen, während bei tradierter Rollenvorstellung der Frau häufiger auch die Regelung der Geldverwaltung der Tradition entsprechend erfolgt: der Mann gibt der Frau das Wirtschaftsgeld und verfügt über den Rest.

In unserer Gesamtstichprobe zeigen sich diese Indikatoren der Ehepartnerbeziehung — ebenso wie die Unsicherheitstoleranz der Frau — schichtspezifisch differenziert: egalitäre Rollenvorstellung und gemeinsame Geldverwaltung wird häufiger von Frauen der oberen Sozialgruppen genannt, dagegen tendieren Frauen der unteren Sozialgruppen eher zu tradierten Ehevorstellungen und geben häufiger an, daß sie für die Geldverwaltung allein zuständig seien. Ein Vergleich der Bedingungskonstellationen unsicherheitstoleranter Frauen mit denen der Frauen, die eine egalitäre Partnerbeziehung befürworten, zeigt insgesamt eine starke Überschneidung der Gruppenzugehörigkeiten dieser Frauen, so daß auch für den Bereich des generativen Verhaltens ein sehr ähnliches Gesamtbild zu erwarten ist.

Tab. 48: Kennwerte der vorhandenen, gewünschten (= in der Ehe erwarteten) und individuell für ideal gehaltenen Kinderzahl nach der Meinung der Frau zur Rollenverteilung in der Ehe (Median und Quartile 25 und 75)

Kinderzahl		Rollenvorstellung der Frau		
		tradiert	gemischt	egalitär
vorhandene	Mdn	2,96	2,59	2,51
	Q_{25}	2,11	1,84	1,46
	Q_{75}	3,84	3,44	3,52
gewünschte	Mdn	3,18	2,87	2,97
(= erwartete)	Q_{25}	2,47	2,32	2,37
	Q_{75}	3,94	3,65	3,74
individuelles	Mdn	2,77	2,75	2,83
Ideal	Q_{25}	2,29	2,30	2,36
	Q_{75}	3,54	3,43	3,63

Zu den oralen Antikonzeptiva äußern Frauen mit egalitären Rollenvorstellungen, ebenso wie unsicherheitstolerante, eine positive Einstellung, während sich bei Frauen, die eher tradierte Ehevorstellungen akzeptieren, häufiger eine ablehnende Haltung findet. Auch die Kennwerte der zahlenmäßigen Vorstellungen im generativen Bereich (Tab. 48) zeigen einen hohen Grad tendenzieller Übereinstimmung mit den in Tab. 47 dargestellten.

Fassen wir die Ergebnisse aus Tab. 47 und 48 zusammen, so können wir feststellen, daß Frauen mit einem höheren Emanzipationsniveau, definiert durch ihre Unsicherheitstoleranz und Meinung zur Ehepartnerbeziehung, bei bisher geringerer Kinderzahl individuell mehr Kinder für ideal halten als Frauen mit niedrigerem Emanzipationsniveau.

Erweitern wir diese Aussage im Hinblick auf unsere Hypothese über den weiteren Verlauf des generativen Verhaltens, so liegt auf Grund unserer Stichprobenzusammensetzung sowie des positiven Zusammenhangs zwischen Emanzipationsniveau und Schulabschluß der Frau, wie er sich auch in dieser Untersuchung bestätigt, die Vermutung nahe, daß bei bildungshomogener Partnerwahl mit steigendem Bildungs- und Emanzipations- bzw. Falsifizierbarkeitsniveau der Frau die durchschnittliche Kinderzahl in den Ehen der Bundesrepublik weiter zurückgehen wird, sofern die Idealvorstellungen im generativen Bereich realisierbar sind. Die wichtigsten Ergebnisse hierzu sind in der nachfolgenden Abb. 1 zusammenfassend dargestellt.

3. Analyse der Bedingungen des geplanten und realisierten generativen Verhaltens in Abhängigkeit von der Ehedauer

In den vorangegangenen Abschnitten haben wir die verschiedenen Einflußfaktoren, die die Fruchtbarkeit, insbesondere auch die Einstellungen zum generativen Verhalten und die daraus resultierenden Planungen beeinflussen, so behandelt, als ob die im Rahmen dieser Untersuchung befragten Frauen bzw. ihre Familien ein einheitliches Substrat wären, das sich unter den bisher betrachteten Aspekten sozialer, ökonomischer und regionaler Art im generativen Verhalten differenziert.

Da die Zusammensetzung unserer Stichprobe jedoch nicht im Hinblick auf zeitliche Konstanz des generativen Verhaltens der Befragten erfolgte, ist mit einer zeitabhängigen Variation der Reaktionsweisen auf die betrachteten Außeneinflüsse und Situationen zu rechnen. Gehen wir z. B. von der Hypothese aus, daß ein Ehepaar zum Zeitpunkt der Eheschließung einen Lebensplan aufstellt, der auch den Bereich des generativen Verhaltens mitumfaßt, und daß dieser Lebensplan mit gewissen Abwandlungen auch für das weitere Leben bestimmend bleibt, dann ist damit zu rechnen, daß die zum Zeitpunkt der Aufstellung dieses Plans dominierenden Zeitströmungen und Reaktionsweisen sich auch auf den weiteren Eheverlauf auswirken, während andere Paare, die eine entsprechende Planung erst zu einem späteren Zeitpunkt konzipieren, die gleichen ökonomischen oder sozialen Situationen mit anderen Reaktionen beantworten. Beides würde dazu führen, daß in bezug auf die Kinderzahl, sei sie vorhanden oder geplant, deutliche Unterschiede zu finden wären.

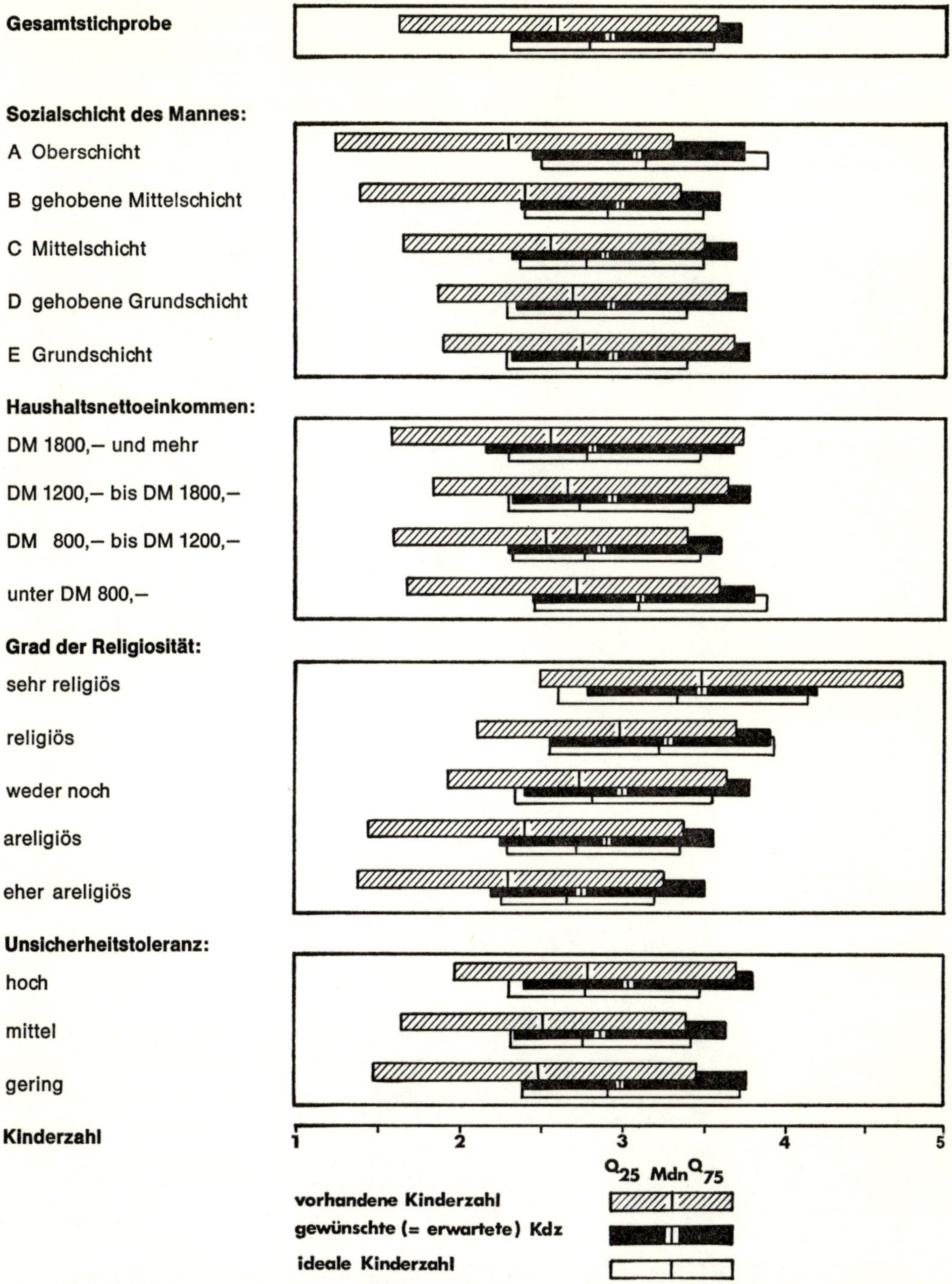

Gesamtstichprobe

Sozialschicht des Mannes:

A Oberschicht

B gehobene Mittelschicht

C Mittelschicht

D gehobene Grundschicht

E Grundschicht

Haushaltsnettoeinkommen:

DM 1800,— und mehr

DM 1200,— bis DM 1800,—

DM 800,— bis DM 1200,—

unter DM 800,—

Grad der Religiosität:

sehr religiös

religiös

weder noch

areligiös

eher areligiös

Unsicherheitstoleranz:

hoch

mittel

gering

Kinderzahl

Q_{25} Mdn Q_{75}

vorhandene Kinderzahl

gewünschte (= erwartete) Kdz

ideale Kinderzahl

Abb. 1: Medianwerte der vorhandenen, der gewünschten bzw. erwarteten und der individuell für ideal gehaltenen Kinderzahl nach ausgewählten Bedingungen (Kinderzahlangabe = untere Klassengrenze)

Tab. 49: Kennwerte der Alters- und Spacing-Faktoren nach dem Schulabschluß der Frau und der Sozialschicht des Mannes (in Jahren)* (Median und Quartile 25 und 75)

Alters- und Spacing-Faktoren		Schulabschluß der Frau					Sozialschicht des Mannes				
		Abitur	MR, ohne Abitur	ohne MR	HA	ohne HA	A	B	C	D	E
1. Heiratsalter der Frau	Mdn	25,1	23,6	22,8	22,3	21,9	25,2	23,6	23,1	21,8	21,1
	Q25	23,1	21,5	21,1	20,4	20,4	23,2	21,6	21,1	20,2	20,0
	Q75	26,9	26,2	24,1	24,9	25,4	27,1	25,8	25,6	24,3	24,9
Insgesamt		266	370	340	1663	68	278	420	653	1111	210
2. Alter der Frau bei Geburt des 1. Kindes	Mdn	26,4	24,8	24,3	23,1	22,2	26,2	24,8	24,3	21,7	22,4
	Q25	24,2	22,4	22,2	20,9	20,3	23,9	22,6	22,0	20,7	20,0
	Q75	28,6	27,7	26,8	26,0	26,4	28,6	27,2	27,2	25,7	25,2
Insgesamt		188	317	298	1552	65	229	342	583	1035	203
3. Abstand zwischen Heirat und Geburt des 1. Kindes	Mdn	1,1	1,1	1,2	0,9	0,8	1,2	1,1	1,1	0,9	0,7
	Q25	0,6	0,6	0,6	0,5	0,3	0,7	0,5	0,6	0,5	0,4
	Q75	2,0	2,0	2,9	2,0	1,6	2,1	2,1	2,6	1,9	1,6
Insgesamt		187	305	281	1412	52	220	337	555	941	169
4. Abstand zwischen Geburt des 1. und des 2. Kindes	Mdn	2,2	2,3	2,6	2,8	2,8	2,0	2,5	2,9	2,6	3,1
	Q25	1,5	1,5	1,6	1,8	2,1	1,4	1,7	1,8	1,7	2,0
	Q75	3,1	3,3	4,1	4,6	4,0	3,1	3,6	4,6	4,3	4,9
Insgesamt		127	222	191	1078	42	163	237	399	704	145
5. Abstand zwischen Geburt des 2. und des 3. Kindes	Mdn	2,6	2,6	2,8	3,0	3,2	2,5	2,9	3,0	2,9	3,0
	Q25	1,6	1,5	1,9	1,8	1,6	1,6	1,7	1,8	1,8	1,8
	Q75	3,8	3,7	4,0	4,9	4,4	3,5	4,0	4,8	4,6	4,9
Insgesamt		71	108	85	587	25	93	115	190	377	94

* Die Faktoren 3 bis 5 wurden nur bei positiver Differenz zwischen dem Geburtsdatum des 1. Kindes und dem Heiratsdatum berechnet.

Es besteht für uns also die entscheidende Schwierigkeit, rückwirkend festzustellen, ob eine bestimmte Kinderzahl, die ja immer mit einer bestimmten Ehedauer und damit indirekt auch mit dem Alter der Frau in Beziehung steht, nun als spezifische, z. B. sozialtypische Reaktionsweise oder aber als Ausdruck des jeweiligen generativen „Zeitgeistes" anzusehen ist. Vor dieser Frage stehen wir beispielsweise, wenn wir in unserer Gesamtstichprobe feststellen (Tab. 49), daß Frauen ohne Abschluß einer weiterführenden Schule sowohl bei Eheschließung als auch bei der Geburt ihres ersten Kindes jünger sind als Frauen mit höherem Schulabschluß, daß jedoch bei letzteren der Abstand zwischen Heirat und Geburt des ersten Kindes größer, der zwischen den einzelnen Geburten dagegen deutlich geringer ist. Andererseits sind in unserem Gesamtmaterial jedoch die Frauen der höheren Soziallagen nicht nur jünger als Frauen der unteren Sozialgruppen, sondern weisen darüber hinaus auch eine im Durchschnitt geringere Ehedauer und vorhandene Kinderzahl auf. Der relativ hohe Zusammenhang zwischen der Ehedauer und der Anzahl bereits vorhandener Kinder von $CC_{corr} = .62$, wie er in unserer Gesamtstichprobe feststellbar ist, verdeutlicht die Abhängigkeit der Angaben zum generativen Verhalten von Zeitfaktoren.

Um diesen Einfluß der Zeitfaktoren und damit auch die Unterschiede zwischen den Familien hinsichtlich ihrer Reproduktions-Stadien zu eliminieren, wurden daher zwei Kohorten gebildet, die wir nach dem Heiratsdatum und dem Heiratsalter der Frau definierten. In die anschließende Kohortenanalyse sollen dann nur diejenigen Faktoren einbezogen werden, die nach unseren bisherigen Ergebnissen als relevant für das generative Verhalten zu erachten sind.

Unter einer Kohorte ist eine Gruppe von Personen zu verstehen, die innerhalb des gleichen Zeitraums ein bestimmtes gleiches Ereignis erlebt hat, z. B. die Eheschließung oder die Geburt eines Kindes. Für unsere Fragestellung sollten die zu bildenden Kohorten zum Testen folgender zwei Hypothesen dienen: Etwa gleichaltrige Frauen, die innerhalb eines gleichen, bestimmten Zeitraumes geheiratet haben, unterscheiden sich:

1. nicht in der Anzahl ihrer bereits vorhandenen Kinder;
2. bei gleicher Anzahl bereits vorhandener Kinder nicht in der Anzahl insgesamt erwarteter bzw. geplanter Kinder.

Als Testgröße soll dabei ein mittlerer Quartilsabstand von $Q = 0,90$ verwandt werden; damit wird auf den in dieser Untersuchung ermittelten Quartilsabstand der „normalen" Kinderzahl (Tab. 11), die im Vergleich zu den anderen Angaben zur Kinderzahl die geringste Streuung aufwies, zurückgegriffen.

a) Die Abgrenzung und Zusammensetzung der in die Analyse einbezogenen Gruppen

Zur Prüfung der ersten Hypothese über die Anzahl bereits vorhandener Kinder wurden diejenigen Frauen zu einer Gruppe zusammengefaßt, die den Prozeß der Familienbildung bereits weitgehend abgeschlossen haben. Diese Gruppe bezeichnen wir als die Kohorte *Realisierung*.

Nach Daten der amtlichen Statistik (StJB 1973, S. 60) wurden von den 1971 insgesamt ehelich lebendgeborenen Kindern 98% bis zum 10. Ehejahr der Frau geboren; die mittleren 50% derjenigen Frauen, die 1971 ihr 5. Kind bekamen, waren etwa 8 bis 14 Jahre verheiratet, und die altersspezifischen Fruchtbarkeitsziffern überstiegen 1971 bei insgesamt nur neun Altersgruppen, nämlich bei den 20- bis 28jährigen, den Wert von 100 Lebendgeborenen auf 1000 Frauen gleichen Alters (StJB 1973, S. 58), so daß wir für den Prozeß der Familienbildung einen Zeitraum von mindestens 8 bis maximal 14 Jahren annehmen können.

Bei den in unsere Stichprobe einbezogenen 5- und Mehr-Kind-Familien betrug der Abstand zwischen der Eheschließung und der Geburt des 5. Kindes im Durchschnitt 12 Jahre (Mdn = 11,6; $Q_{25} = 9,4$; $Q_{75} = 14,0$); zwischen 10 und 14 Jahren waren 25% der befragten Frauen verheiratet, wobei 556 (77%) dieser Frauen bei Eheschließung noch keine 26 Jahre alt waren; 19% dieser Frauen waren bei Eheschließung bereits älter und 4% machten über ihr Geburts- und Heiratsdatum keine Angabe, so daß sich für diese das Heiratsalter nicht berechnen ließ. Diese 556 Frauen, die bei Eheschließung das 26. Lebensjahr noch nicht vollendet hatten und im Zeitraum von Januar 1956 bis Dezember 1959 geheiratet hatten, erwiesen sich unter Berücksichtigung unserer Stichprobenzusammensetzung als optimale Gruppe für die Realisierungskohorte.

Ebenso wie bei der Kohorte Realisierung wurde auch für die zum Testen der zweiten Hypothese gebildete Gruppe, die Kohorte *Planung,* die Grenze des Heiratsalters der Frau auf maximal 25 Jahre gesetzt, und in bezug auf die Abgrenzung der Ehedauer gingen wir von folgender Überlegung aus: Die gewünschte Kinderzahl zeigt eine starke Abhängigkeit von der Anzahl bereits vorhandener Kinder, somit erscheint für unsere Gruppenbildung eine Minimierung der bereits vorhandenen Kinderzahl und der Ehedauer sinnvoll. In unserer Gesamtstichprobe findet sich der größte Anteil noch kinderloser Ehepaare unter den jungverheirateten Paaren. 1966 oder später hatten insgesamt 509 der befragten Frauen geheiratet, 41 % dieser Ehen waren zum Zeitraum der Befragung noch kinderlos. Unter Berücksichtigung der Altersgrenze wiesen dann noch 362 Frauen folgende Merkmalskombination auf: Die Frau hatte bei Eheschließung das 26. Lebensjahr noch nicht vollendet, und die Ehe war im Zeitraum von Januar 1966 bis Dezember 1969 geschlossen. Da jedoch nicht alle diese Frauen sowohl ihre vorhandene als auch geplante Kinderzahl angaben, reduziert sich diese Gruppe um weitere neun Frauen, so daß unsere Planungskohorte dann insgesamt aus 353 Frauen besteht.

Die Prüfung der Hypothesen über die Differenzierung des generativen Verhaltens in Abhängigkeit vom Heiratsdatum und Heiratsalter der Frau ergab für beide Kohorten, daß die Hypothese abzulehnen ist; denn der mittlere Quartilsabstand überschritt in beiden Gruppen die festgesetzte Testgröße von Q = 0,90. Für unser Untersuchungsziel folgt aus diesem Ergebnis, daß Unterschiede im geplanten und realisierten generativen Verhalten nicht allein aus Zeitfaktoren erklärbar sind. Damit stellt sich für den weiteren Verlauf der Kohortenanalyse die Frage, auf welcher Basis und durch welche Einzelfaktoren der bereits diskutierten Bedingungen bestimmte Kinderwünsche und -zahlen zustande kommen. Um für diese Analyse noch eine hinreichend große Zellenbesetzung zu erhalten, wurden die Angaben zur Kinderzahl in den beiden Kohorten auf jeweils zwei Gruppen reduziert, und zwar auf Frauen, die

Tab. 50: Differenzierung des realisierten und geplanten generativen Verhaltens in den beiden Kohorten

Kinderzahl	Kohorte Realisierung (vorhandene Kdz)	Kohorte Planung (erwartete Kdz)
0 bis 2	n = 285	n = 240
3 und mehr	n = 271	n = 113
Insgesamt	N = 556	N = 353
Mdn	2,97	2,71
Q_{25}	2,27	2,30
Q_{75}	3,83	3,26
Q	1,56	0,96

weniger als 3 und solche, die mehr als 2 Kinder hatten bzw. planten. Für die Analyse geplanten und realisierten generativen Verhaltens ergab sich dann folgende Basisverteilung (Tab. 50).
Die Zusammensetzung der beiden Kohorten verglichen wir dann in bezug auf die Verteilung nachfolgender fünf sozio-demographischer Familiendaten mit der in unserer Gesamtstichprobe, und zwar in bezug auf:

1. den Schulabschluß der Frau,
2. die Sozialschicht des Mannes,
3. die Höhe des Haushaltsnettoeinkommens,
4. die Konfessionszugehörigkeit der Ehepartner,
5. die Ortsgrößenklasse des Wohnorts.

Dieser Vergleich, für den ein Signifikanzniveau von P = .01 gewählt wurde, erbrachte keine signifikanten Abweichungen beider Kohorten hinsichtlich der Verteilung des Haushaltsnettoeinkommens und der Konfessionszugehörigkeit der Ehepartner. Eine Übereinstimmung der Verteilung der Ortsgrößenklasse des Wohnorts zeigt sich nur zwischen der Realisierungskohorte und der Gesamtstichprobe, in der Planungskohorte sind dagegen Familien aus Groß- und Mittelstädten häufiger und Familien aus ländlichen Gemeinden seltener vertreten.

Hinsichtlich des Schulabschlusses der Frau wie auch in bezug auf die Sozialschichtenzugehörigkeit des Mannes zeigen beide Kohorten deutliche Abweichungen von unserer Gesamtstichprobe: Frauen mit höherer Schulbildung und Familien der oberen Sozialschichten sind in der Planungskohorte häufiger, in der Realisierungskohorte dagegen seltener vertreten als in unserem Gesamtmaterial (Tab. 51).

Tab. 51: Zusammensetzung der beiden Kohorten im Vergleich zu der Gesamtstichprobe in bezug auf die Sozialschicht des Mannes (in %)

Gruppe	Sozialschicht des Mannes					N = 100 %
	A	B	C	D	E	
Kohorte Realisierung	7	11	23	51	9	550
Kohorte Planung	12	29	23	35	2	350
Gesamtstichprobe	10	17	24	41	8	2888

Auf Grund dieser Stichprobenunterschiede in bezug auf die soziale Differenzierung sind von den im vorangegangenen Kapitel dargestellten Zusammenhängen zum Teil abweichende Ergebnisse in der nachfolgenden Kohortenanalyse zu erwarten. Durch die weitgehende Ausschaltung des Zeitfaktors ermöglichen diese Unterschiede jedoch, Hinweise darauf zu gewinnen, ob bestimmte Bedingungskonstellationen eher eine familiengrößenspezifische Differenzierung kennzeichnen oder ob sie lediglich Ausdruck sozialdifferenzierter Einstellungs- und Verhaltenstendenzen sind.

b) Die für das realisierte und geplante generative Verhalten relevanten Bedingungen

Für diese Fragestellung wurden die beiden Kohorten zu denjenigen Bedingungsfaktoren in Beziehung gesetzt, die nach den bisherigen Ergebnissen (Kap. IV, 2) das generative Verhalten beeinflussen; und als relevant werden dabei nur diejenigen Faktoren bezeichnet, die mit dem realisierten oder geplanten Verhalten mindestens auf dem 5 %-Niveau in signifikantem Zusammenhang stehen.

Faktoren, die unterschiedlich große Familien nach Abschluß der Fruchtbarkeit kennzeichnen

Wie sich mit Hilfe des Chiquadrat-Tests herausstellt, unterscheiden sich Familien mit 3 oder mehr Kindern von denen mit 0 bis 2 Kindern nur in bezug auf folgende Merkmale:
— die Einstellung der Frau zu den oralen Antikonzeptiva ($P = .001$),
— die Meinung der Frau zur Rollenverteilung in der Ehe ($P = .001$),
— die Bedeutung der religiösen Haltung im Familienleben ($P = .05$),
— die Sozialschicht des Mannes ($P = .02$).

Außerdem zeigen sich signifikante Abweichungen auch in der zeitlichen Verteilung der Geburten, und zwar in bezug auf:
— den Abstand zwischen Heirat und Geburt des 1. Kindes ($P = .001$),
— den Abstand zwischen Geburt des 1. und des 2. Kindes ($P = .001$),
— das Alter der Frau bei Geburt ihres 1. Kindes ($P = .001$).

Dieses Ergebnis bedeutet im einzelnen, daß in Familien mit 3 oder mehr Kindern häufiger die Frau den oralen Antikonzeptiva positiv gegenüber steht und der Meinung ist, daß beide Partner in einer Ehe gleiche Rechte und Pflichten haben sollten. Die Religion spielt in diesen Familien eine sehr große Rolle, und der Ehemann gehört überwiegend zu der Sozialschicht A. Das erste Kind dieser Ehepaare wurde in den ersten sechs Monaten nach der Eheschließung geboren, das zweite Kind weniger als zwei Jahre später, und bei Geburt des ersten Kindes war die Frau noch keine 26 Jahre alt.

Vergleichen wir diese Einzel-Interdependenzen mit den in der Gesamtstichprobe zur vorhandenen Kinderzahl festgestellten, so zeigen sich nur in bezug auf die drei Altersfaktoren und die Bedeutung der religiösen Haltung im Familienleben übereinstimmende Ergebnisse. In bezug auf die Einstellungsfaktoren sowie auch in bezug auf die soziale Differenzierung sind dagegen insgesamt Widersprüche festzustellen. Bei weiterer Analyse der Bedingungsstruktur innerhalb der Kohorte (Tab. 52) zeigt sich jedoch, daß eine positive Einstellung zur Pille auch in der Realisierungskohorte häufiger von Frauen der sozialen Oberschicht mit einem Haushaltsnettoeinkommen von monatlich mindestens DM 1800,— sowie auch von Frauen mit einer hohen Unsicherheitstoleranz geäußert wird. Unsicherheitstolerante Frauen sind häufiger aber nur in der Gruppe vertreten, die eine egalitäre Ehepartnerbeziehung befürwortet. Bei dieser Konstellation steht also weder die Unsicherheitstoleranz der Frau noch ihre Meinung zur Rollenverteilung in der Ehe in Zusammenhang zu den beiden sozio-demographischen Daten, Schicht und Einkommen.

Auf Grund der festgestellten Einzel-Interdependenzen lassen sich also bereits zwei Bedingungskonstellationen aufzeigen, die für 3- und Mehr-Kind-Familien nach Abschluß der Reproduktionsphase kennzeichnend sind:

1. Familien der oberen Soziallage mit einer positiven Einstellung zu den oralen Antikonzeptiva,

Tab. 52: Matrix der Bedingungsstruktur in der Kohorte Realisierung*

Bedingungen | | | Kohorte Realisierung: 1 = 0 bis 2 Kinder
| | | 2 = 3 und mehr Kinder

	Bedingungen			Kohorte 1 2	I. 1 2 3 4 5	II. 1 2 3 4	III. 1 2 3 4 5	IV. 1 2 3 4	V. 1 2 3	VI. 1 2 3
I.	Sozialschicht des Mannes	Oberschicht gehob. Mittelschicht Mittelschicht gehob. Grundschicht Grundschicht	A = 1 B = 2 C = 3 D = 4 E = 5	− + · · · · · · · ·						
II.	Höhe des Haushaltsnetto-einkommens (DM)	unter 800 800 bis 1200 1200 bis 1800 1800 und mehr	= 1 = 2 = 3 = 4	n. s.	− − − − + − − · + + − · · + − · + · − − + + + − −					
III.	Grad der Religiosität	areligiös eher areligiös weder noch religiös sehr religiös	= 1 = 2 = 3 = 4 = 5	· · · · · · · · − +	n. s.	n. s.				
IV.	Art der Geldverwaltung	Frau allein Mann beh. Taschengeld Frau erh. Wirtschaftsgeld Mann und Frau	= 1 = 2 = 3 = 4	n. s.	− − · · · · + + − · + − · · − − · + · ·	· · · + · · · · − − + · · · · ·	n. s.			
V.	Unsicherheitstoleranz der Frau	gering mittel hoch	= 1 = 2 = 3	n. s.	n. s.	n. s.	n. s.	n. s.		
VI.	Rollenvorstellung der Frau	tradiert gemischt egalitär	= 1 = 2 = 3	· · · + − +	n. s.	n. s.	n. s.	n. s.	+ · − · · · · · +	
VII.	Einstellung der Frau zur „Pille"	neg. generell neg. med. Bed. positiv	= 1 = 2 = 3	+ − + + − −	− − + · · · · · + · · · + − −	· · + · · · − − + · + −	n. s.	n. s.	+ · − · · · · · +	· · · · + − · · ·

* Zwischen den einzelnen Faktoren besteht ein signifikanter Zusammenhang auf dem 5 %-Niveau:
+ = der beobachtete Wert ist größer als der Erwartungswert (Chi² ≥ 2,8)
− = der beobachtete Wert ist kleiner als der Erwartungswert (Chi² ≥ 2,8)
· = der beobachtete Wert unterscheidet sich nicht von dem Erwartungswert (Chi² < 2,8)
n. s. = Zwischen den einzelnen Faktoren besteht k e i n signifikanter Zusammenhang auf dem 5 %-Niveau

2. Familien, in denen die Frau eine positive Einstellung zu den oralen Antikonzeptiva und zu einer egalitären Rollenverteilung zeigt; diese beiden Faktoren stehen jedoch nicht direkt miteinander in Zusammenhang, sondern sind über eine hohe Unsicherheitstoleranz der Frau miteinander verbunden.

Der Grad der Religiosität, der nach dem Ergebnis der Kohortenanalyse gleichfalls für die Anzahl vorhandener Kinder kennzeichnend ist, zeigt in der Strukturanalyse weder zu den sozio-demographischen noch zu den Einstellungsindikatoren eine direkte Beziehung; somit liegt die Vermutung nahe, daß es sich hierbei um einen dritten, im Rahmen dieser Analyse unabhängigen Indikator des realisierten generativen Verhaltens handelt.

Faktoren, die für die Familienplanung bestimmend sind
Gleichfalls mit Hilfe des Chiquadrat-Tests sind zwischen der Planungskohorte und den folgenden fünf Bedingungsfaktoren signifikante Beziehungen festzustellen:
— zur Sozialschicht des Mannes ($P = .001$),
— zum Schulabschluß der Frau ($P = .05$),
— zur Höhe des Haushaltsnettoeinkommens ($P = .02$),
— zur Art der Geldverwaltung ($P = .05$),
— zur Unsicherheitstoleranz der Frau ($P = .05$).
In bezug auf alle anderen bisher diskutierten Merkmale unterscheiden sich die Ehepaare, die 3 oder mehr Kinder wünschen, nicht signifikant von denen, die weniger Kinder planen.
Betrachten wir diese Zusammenhänge im einzelnen (Tab. 53), so stellen wir fest, daß mehr als 2 Kinder häufiger diejenigen Frauen planen, die mit einem Mann der sozialen Oberschicht (A oder B) verheiratet sind, mit diesem gemeinsam über ein Einkommen von mindestens DM 1800,— monatlich verfügen und eine hohe Unsicherheitstoleranz haben; außerdem sind in dieser Gruppe häufiger Frauen mit höherer Schulbildung vertreten.
Der Vergleich dieser Zusammenhänge mit denen, die sich in der Gesamtstichprobe zur gewünschten Kinderzahl zeigten, ergibt, daß sich die Aussagen in bezug auf alle fünf Merkmale widersprechen. Vergleichen wir jedoch die Kohorten-Ergebnisse mit den in der Gesamtstichprobe festgestellten Beziehungen zur individuell für ideal gehaltenen Kinderzahl, so zeigt sich, daß in allen Punkten die Ergebnisse miteinander übereinstimmen. Damit liegt die Vermutung nahe, daß es sich bei der Frage der Familienplanung, wie auch bei der individuell für ideal gehaltenen Kinderzahl, weitgehend um eine schichtspezifisch differenzierte Aussage handelt.

c) Die Bedingungsstruktur geplanten und realisierten generativen Verhaltens
Nach dem bisherigen Ergebnis können wir mit 95 % Wahrscheinlichkeit zwar angeben, mit welchen Bedingungsfaktoren die vorhandene und die geplante Kinderzahl in Zusammenhang steht; wir können jedoch noch nichts über die Bedingungskonstellationen aussagen, die das geplante generative Verhalten im Gegensatz zu dem nach Abschluß der Fruchtbarkeit realisierten Verhalten kennzeichnen. Im Anschluß an die Kohortenanalyse wurden daher für beide Gruppen multiple Informationsanalysen nach *Dörner* (o. J.) durchgeführt. Dieses inferenzstatistische multivariate Verfahren bietet nicht nur die Möglichkeit, die signifikanten 2er-Beziehungen

Tab. 53: Matrix der Bedingungsstruktur in der Kohorte Planung*

Kohorte Planung: 1 = 0 bis 2 Kinder
2 = 3 und mehr Kinder

Bedingungen			I. 1 2 3 4 5	II. 1 2 3 4	III. 1 2 3 4 5	IV. 1 2 3 4	V. 1 2 3	VI. 1 2 3
I. Sozialschicht des Mannes	Oberschicht gehob. Mittelschicht Mittelschicht gehob. Grundschicht Grundschicht	A = 1 B = 2 C = 3 D = 4 E = 5	− . . . + + . . . − . . . . . − − . . . . . . + .					
II. Höhe des Haushaltsnetto-einkommens (DM)	unter 800 800 bis 1200 1200 bis 1800 1800 und mehr	= 1 = 2 = 3 = 4	. . − − . . . . + . . . + − + ... −	n. s.				
III. Grad der Religiosität	areligiös eher areligiös weder noch religiös sehr religiös	− − = 1 . . = 2 ± + = 3 + + = 4 . . = 5	n. s.	n. s.				
IV. Art der Geldverwaltung	Frau allein Mann beh. Taschengeld Frau erh. Wirtschaftsgeld Mann und Frau	= 1 = 2 = 3 = 4	. . − . . . . + + . . + ...	. . − + ... + ... + .	n. s.			
V. Unsicherheitstoleranz der Frau	gering mittel hoch	= 1 = 2 = 3	. . − . . . . . . + . . + . −	. . . . + .	n. s.	. . . −		
VI. Rollenvorstellung der Frau	tradiert gemischt egalitär	= 1 = 2 = 3	n. s.	n. s.	n. s.	. . + − . . . . . . + −	n. s.	
VII. Einstellung der Frau zur „Pille"	neg. generell neg. med. Bed. positiv	= 1 = 2 = 3	n. s.	n. s.	n. s.	n. s.	n. s.	n. s.

* Zwischen den einzelnen Faktoren besteht ein signifikanter Zusammenhang auf dem 5 %-Niveau:
+ = der beobachtete Wert ist größer als der Erwartungswert (Chi² ≥ 2,8)
− = der beobachtete Wert ist kleiner als der Erwartungswert (Chi² ≥ 2,8)
. = der beobachtete Wert unterscheidet sich nicht von dem Erwartungswert (Chi² < 2,8)
n. s. = Zwischen den einzelnen Faktoren besteht k e i n signifikanter Zusammenhang auf dem 5 %-Niveau

zwischen einzelnen Faktoren zu ermitteln, sondern darüber hinaus auch die zusammenwirkenden Einflüsse mehrerer Prädiktoren auf das Kriterium aufzudecken. Außerdem wird durch Umrechnung der jeweiligen Interaktionen und Kontingenzen in *Newman-Gerstman*sche Konstriktionskoeffizienten auch bestimmbar, wieviel Prozent der Variabilität oder Unbestimmtheit des realisierten bzw. des geplanten generativen Verhaltens durch diejenigen Faktoren abgedeckt werden, die nach unseren bisherigen Ergebnissen für das generative Verhalten relevant sind.

Tab. 54: Einfache und multiple Abhängigkeiten zwischen den Kohorten und den einbezogenen Bedingungsfaktoren

Prädiktoren	Kohorte Realisierung			Kohorte Planung			Signifikante Abweichungen zwischen Realisierung und Planung*
	CC_{corr}	KK %	P	CC_{corr}	KK %	P	P
I. Sozialschicht des Mannes	.19	1,4	.05	.43	8,3	.001	.001
II. Höhe des Haushaltsnettoeinkommens	–	0,3	n. s.	–	1,2	n. s.	n. s.
III. Grad der Religiosität	.19	1,4	.05	–	1,2	n. s.	n. s.
IV. Art der Geldverwaltung	–	1,0	n. s.	.25	2,5	.05	n. s.
V. Unsicherheitstoleranz der Frau	–	0,4	n. s.	–	1,4	n. s.	n. s.
VI. Rollenvorstellung der Frau	.24	2,2	.001	–	0,4	n. s.	.05
VII. Einstellung der Frau zur „Pille"	.31	3,5	.001	–	0,1	n. s.	.001
direkte gemeinsame Aufklärung		10,2	.001		15,1	.001	n. s.
multipler Aufklärungsanteil		75,0	.001		58,6	.001	.001
Gesamtaufklärung		85,2	.001		73,7	.001	.001
Basis	N = 485			N = 312			

* Die Unterschiede zwischen den Konstriktionskoeffizienten wurden mit dem z-Test (*Bartel*, 1972, S. 110) auf Signifikanz geprüft.

Wir definierten jeweils die Kohorte als Kriterium und bezogen in beide Analysen die gleichen Prädiktorvariablen ein, und zwar die in Tab. 52 bzw. 53 zusammengestellten. Die Anzahl der Individuen pro Kohorte reduzierten wir auf diejenigen Frauen, die zu *allen* einbezogenen Prädiktoren eine Angabe gemacht hatten. Tab. 54 zeigt als Ergebnis dieser Analysen für beide Kohorten die einfachen und multiplen Abhängigkeiten von diesen sieben Bedingungsfaktoren:
— Sozialschicht des Mannes,
— Höhe des Haushaltsnettoeinkommens,
— Bedeutung der religiösen Haltung im Familienleben,
— Art der Geldverwaltung,

- Unsicherheitstoleranz der Frau,
- Meinung der Frau zur Rollenverteilung in der Ehe,
- Einstellung der Frau zu den oralen Antikonzeptiva.

Wie in Tab. 54 festzustellen, ist der Gesamtaufklärungsanteil, der von den einbezogenen Prädiktoren abgedeckt wird, bei dem geplanten Verhalten im Vergleich zu dem realisierten signifikant geringer. Zwar unterscheiden sich die direkten gemeinsamen Aufklärungsanteile nicht signifikant voneinander, doch der multiple Aufklärungsanteil für die Realisierung liegt deutlich höher als für die Planung. Die zwei sozio-demographischen Prädiktoren — Schicht und Einkommen — und die fünf innerfamiliären Einflußfaktoren — Grad der Religiosität, Unsicherheitstoleranz und

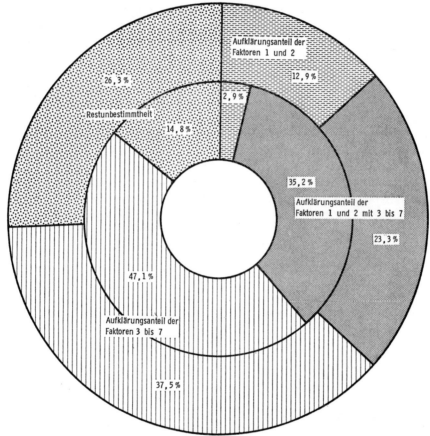

Sozio-demographische Faktoren:
1 Sozialschicht des Mannes
2 Haushaltsnettoeinkommen

Innerfamiliäre Faktoren:
3 Grad der Religiosität
4 Art der Geldverwaltung
5 Unsicherheitstoleranz
6 Meinung zur Rollenverteilung
7 Einstellung zur „Pille"

Abb. 2: Multipler Aufklärungsanteil sozio-demographischer und innerfamiliärer Faktoren für geplantes und realisiertes generatives Verhalten

äußerer Kreis: Kohorte Planung, Eheschließung 1966—1969
innerer Kreis: Kohorte Realisierung, Eheschließung 1956—1959

Einstellung der Frau zu den oralen Antikonzeptiva, sowie von ihr befürwortete und praktizierte Rollenverteilung — stehen in ihrer Kombination demnach in wesentlich größerem Zusammenhang mit dem realisierten als mit dem geplanten generativen Verhalten.

Ein weiterer Vergleich der beiden Analyseergebnisse zeigt, daß der gemeinsame Aufklärungsanteil der Prädiktoren Schicht und Einkommen für die Planung insgesamt 3,4% und für die Realisierung 1,2% beträgt. Rechnen wir den direkten Aufklärungsanteil dieser beiden Prädiktoren jeweils hinzu, so erhalten wir für die Planung einen Wert von insgesamt 12,9%, für die Realisierung jedoch nur einen Wert von 2,9%. Der Aufklärungsanteil dieser Faktoren liegt damit für die Familienplanung um 10% höher als für die realisierte Kinderzahl. Im Vergleich dazu erklären die fünf in die Analyse einbezogenen Einstellungsindikatoren in ihrer Kombination (direkt und indirekt) insgesamt 47,1% der realisierten und 37,5% der geplanten Familiengröße. Diese innerfamiliären Faktoren sind also für den generativen Bereich von weitaus größerer Bedeutung als die beiden objektiv erfaßbaren Sozialdaten, die auch in ihrer Kombination nur begrenzt Rückschlüsse auf das generative Verhalten der Ehepartner zulassen. Es verbleiben damit für das realisierte generative Verhalten noch 50% und für das geplante Verhalten noch 49,6% der Gesamtunbestimmtheit. 35,2% davon werden durch sozio-demographische und innerfamiliäre Einflußfaktoren in der Kohorte Realisierung gemeinsam bestimmt, 23,3% in der Kohorte Planung; dieses Ergebnis deutet darauf hin, daß in der Kohorte Realisierung die Angaben zu den innerfamiliären Faktoren etwas stärker sozial differenziert sind als bei den jüngeren Ehepaaren. Insgesamt lassen sich durch die in die Analyse einbezogenen Faktoren 85,2% des realisierten und 73,7% des geplanten generativen Verhaltens vorhersagen, so daß als Restunbestimmtheit für die Realisierung 14,8% und für die Planung noch 26,3% verbleiben. Zusammenfassend veranschaulicht Abb. 2 diese Beziehungen für die beiden Kohorten.

V. Zusammenfassung und Diskussion

Im Hinblick auf die Frage nach den für das generative Verhalten in der Bundesrepublik gegenwärtig relevanten Bedingungen wurden die Aussagen von 2955 Ehefrauen, die 1969/70 in den Bundesländern Hamburg, Schleswig-Holstein und Rheinland-Pfalz im Rahmen unserer fraktionierten Längsschnittuntersuchung erstmals befragt wurden, ausgewertet.

Ziel dieser fraktionierten Längsschnittuntersuchung ist es — ausgehend von den sozio-demographischen Familiendaten — zu klären, welche Faktoren die Vorstellungen, Pläne und Wünsche der Ehepaare im generativen Bereich bedingen, welche Faktoren in Zusammenhang mit einer Einstellungs- oder Verhaltensänderung in diesem Bereich stehen und welche Konsequenzen sich aus diesem Fragenkomplex für den Bevölkerungsprozeß insgesamt ergeben. Auf der Basis wiederholter Befragung derselben Stichprobe ist dann ein realitätsnahes Modell zur Vorausschätzung der Fruchtbarkeit zu erstellen.

Im Rahmen dieses Gesamtprogramms dient der vorliegende erste Querschnitt vorrangig der Darstellung und Analyse des Ist-Zustands, um Ausgangsdaten und Hypothesen für weiterführende Untersuchungsabschnitte im Hinblick auf das Gesamtziel zu entwickeln. Im Vordergrund stand für diese Arbeit damit die Frage, innerhalb welcher Grenzen sich die Vorstellungen, Pläne und Wünsche in bezug auf die Familiengröße bewegen und in bezug auf welche Bedingungsfaktoren sich Differenzierungen dieser Angaben zeigen.

Ausgehend von dem zentralen, positiven Zusammenhang zwischen dem Geburts- und Heiratsdatum der Frau, boten sich zur Analyse des Untersuchungsmaterials drei Ansatzpunkte:

a) auf der Basis des positiven Zusammenhangs zwischen Ehedauer und bereits vorhandener Kinderzahl;

b) auf der Basis des negativen Zusammenhangs zwischen dem Geburtsdatum der Frau und ihrem Heiratsalter;

c) auf der Basis des negativen Zusammenhangs zwischen Ehedauer und Schulabschluß der Frau, wobei eine Rangreihe von „nicht abgeschlossener Hauptschule" bis zum „Gymnasialabschluß" zugrunde gelegt wurde.

Während die ersten beiden Ansatzpunkte weitgehend aus dem Einfluß von Alters- und Zeitfaktoren erklärbar sind und den aus der amtlichen Statistik bekannten Zusammenhängen entsprechen, resultiert der dritte Ansatzpunkt aus der Stichprobenzusammensetzung. Von diesem dritten Ansatzpunkt ausgehend analysierten wir die vorliegenden Informationen dieses ersten Querschnitts. Als Kriterien wurden die Angaben zur idealen, zur gewünschten bzw. erwarteten und zur vorhandenen Kinderzahl definiert. Die für diese Kinderzahlangaben als relevant zu erachtenden Prädiktoren ermittelten wir aus den im Fragebogen erhobenen und den daraus ableitbaren Informationen; insgesamt standen damit über 100 mögliche Prädiktoren zur Auswahl.

Als unabhängige Variable ist in diesem ersten Querschnitt das bereits realisierte generative Verhalten zu betrachten. Die positive Differenz zwischen dieser vorhandenen und der insgesamt gewünschten oder auch zur individuell für ideal gehaltenen Kinderzahl ermöglicht unter prognostischem Aspekt, die zu erwartende

Schwankungsbreite für zukünftige Entscheidungen in diesem Bereich abzuschätzen. Um darüber hinaus auch Anhaltspunkte dafür zu gewinnen, welche Bedingungsfaktoren voraussichtlich den weiteren Verlauf des generativen Verhaltens jungverheirateter Ehepaare bestimmen werden, wurde im Anschluß an den ersten Analyseabschnitt, in dem an Hand der Gesamtstichprobe das als relevant zu erachtende Bedingungsgefüge abgegrenzt wurde, die Bedeutung der ermittelten Prädiktoren nochmals bei standardisiertem Heirats- und Geburtsdatum geprüft.

Zu diesem Zweck definierten wir zwei Unterstichproben, die Kohorte „Realisierung" und die Kohorte „Planung". In die erste Gruppe (Kohorte Realisierung) wurden diejenigen Frauen der Gesamtstichprobe einbezogen, die zwischen Januar 1956 und Dezember 1959 geheiratet hatten, und in die zweite Gruppe (Kohorte Planung) diejenigen Frauen, die zwischen Januar 1966 und Dezember 1969 geheiratet hatten. Das Heiratsalter der Frau wurde in beiden Gruppen auf maximal 26,0 Jahre begrenzt, so daß damit die Grenze für das Geburtsdatum der Frau beim Jahrgang 1940 lag. Als Kriterium definierten wir im ersten Fall die vorhandene und im zweiten Fall die unter den gegebenen Bedingungen gewünschte Kinderzahl. Um noch eine hinreichend große Zellenbesetzung zu gewährleisten, wurden dann jeweils die 0- bis 2-Kind-Familien den 3- und Mehr-Kind-Familien gegenübergestellt.

Als Ergebnis dieses ersten Querschnitts können wir feststellen, daß in den zahlenmäßigen Angaben der befragten Ehefrauen – bei überwiegend positiver Einstellung zu den oralen Antikonzeptiva – gegenwärtig (1969/70) die 2- bis maximal 4-Kind-Familie dominiert. Eine linksschiefe Verteilung dieser Kinderzahlangaben mit einem ausgeprägten Schwerpunkt bei der 2-Kind-Familie ist sowohl für die gewünschte bzw. erwartete als auch für die individuell und die für eine normale deutsche Familie als ideal erachtete Kinderzahl festzustellen.

Nach Aussage der Befragten tendieren insbesondere ihre Ehemänner zu dieser 2-Kind-Norm, so daß Diskrepanzen zwischen dem Kinderwunsch von Mann und Frau häufiger dann festgestellt wurden, wenn die Frau weniger als zwei Kinder wünschte – oder wenn sie unter den gegebenen Bedingungen mit mehr als zwei Kindern rechnete. Damit ist anzunehmen, daß die Angabe der Frau über ihre unter Idealbedingungen gewünschte Kinderzahl in engem Zusammenhang mit dem Kinderwunsch des Mannes steht.

Zwischen der vorhandenen und der insgesamt erwarteten Kinderzahl zeigte sich bei 65% der Befragten Übereinstimmung, und 38% gaben an, ihre ideale Kinderzahl bereits erreicht zu haben. Andererseits hielten jedoch 21% der Frauen individuell weniger Kinder für ideal als sie zum Befragungszeitpunkt bereits hatten; ein gleich hoher Prozentsatz erwartete mehr Kinder als für ideal gehalten wurden, und nur 14% hätten unter Idealbedingungen gern mehr Kinder als unter den gegebenen Bedingungen erwartet bzw. geplant wurden. Bei 65% der Befragten war Übereinstimmung zwischen Erwartung und Ideal festzustellen. Auf Grund der aufgezeigten Diskrepanzen liegt damit – trotz positiver Einstellung zur „Pille" – die Vermutung nahe, daß auch gegenwärtig noch die Begrenzung der Familiengröße auf die individuell für ideal gehaltene Kinderzahl problematischer ist als die Realisierung eines gewissen Kinderreichtums.

Um die Bedeutung dieser Aussage unter makrosoziologischem Aspekt abschätzen zu können, ist auf Grund der Zusammensetzung der Stichprobe eine Repräsentativumrechnung der Ergebnisse in bezug auf die schichtspezifische Verteilung der Familiengrößen im Bundesgebiet versucht worden. Diese Hochrechnung wurde an Hand von Basismaterial der bundesrepräsentativen Erhebung „Familiengröße und Bildungsweg der Kinder" (*Jürgens,* 1967) durchgeführt; denn aus den von der amtlichen Statistik veröffentlichten Daten sind die hierzu notwendigen Korrekturfaktoren nicht zu ermitteln.

Nach dem Ergebnis dieser Hochrechnung wird die 2-Kind-Familie von 52% der Ehepaare gewünscht, 61% halten diesen Familientyp individuell und 73% für eine normale deutsche Familie für ideal. Im Vergleich dazu lag in der Untersuchung von *Freedman, Baumert, Bolte* (1960) der Anteil, der diesen Familientyp bevorzugte, in bezug auf alle drei Kinderzahlangaben unter 50%. Es ist festzustellen, daß der Trend zum 2-Kind-System, der sich 1958 bereits abzeichnete, sich seither in der Bundesrepublik noch deutlich verstärkt hat.

Gewichten wir die Angaben zur vorhandenen, erwarteten und unter optimalen Bedingungen für ideal gehaltenen Kinderzahl der unter 40jährigen Frauen, die auf Grund der biologischen Bedingtheit des generativen Verhaltens in erster Linie von Interesse sind, unter Berücksichtigung der schichtspezifischen Verteilung der Familiengrößen im Bundesgebiet 1967 mit dem Prozentanteil der jeweiligen Sozialschicht an der Gesamtbevölkerung, so ergibt sich für die vorhandene Kinderzahl ein Medianwert von 2,27; für die gewünschte (= erwartete) Kinderzahl ein Wert von 2,73 und 2,67 als Median der individuell für ideal gehaltenen Familiengröße. Für weniger als die Hälfte der Ehepaare ist damit eine Überschreitung der 2-Kind-Norm anzunehmen. Um auch einen Anhaltswert für die durchschnittliche Kinderzahl pro Ehepaar zu erhalten, sind diese Medianwerte jeweils um 0,5 zu reduzieren, d. h., daß zu diesem Zweck die angegebene Kinderzahl nicht als untere Klassengrenze, sondern als Klassenmitte zu definieren wäre.

Diese geschätzten Durchschnittswerte verglichen wir mit Angaben der amtlichen Statistik, indem die kumulierte Fruchtbarkeit der gleichaltrigen Frauenkohorte (Geburtsdatum 1938, 1) berechnet wurde (StBA, Fachsene A, Reihe 2: 1959 (Tab. I 17), 1965 (Tab. I 19); StJB 1973 (Tab. II A6)). Bis 1969 wäre demnach insgesamt für diese Frauengruppe eine durchschnittliche Geborenenzahl von 1,75 zu erwarten, und unter Berücksichtigung der altersspezifischen Fruchtbarkeitsziffern von 1969 kann bis zum 45. Lebensjahr noch mit 0,51 Lebendgeborenen gerechnet werden, so daß auf dieser Basis für unsere Alterskohorte nach Abschluß der Fruchtbarkeit eine durchschnittliche Kinderzahl von 2,26 als realisierbar anzunehmen wäre.

Setzen wir diese theoretischen Erwartungswerte gleich 100, so ist — wenn auch mit methodischem Vorbehalt — ein weiterer Geburtenrückgang nicht unwahrscheinlich. Ausgehend von einer Relation von 100 : 101 für die 1969 vorhandene Kinderzahl ist für die von den Frauen unter den gegebenen Bedingungen gewünschte bzw. erwartete Kinderzahl ein Verhältnis von 100 : 99 zur theoretisch erwarteten Kinderzahl festzustellen, und unter Idealbedingungen wäre die gewünschte Kinderzahl 4% unter der auf der Basis von 1969 zu erwartenden Kinderzahl anzunehmen.

Diese Relation der theoretisch erwarteten zur individuell für ideal gehaltenen Kinderzahl von 100 : 96 kann als pessimistische Schätzung für die weitere Entwicklung des generativen Verhaltens betrachtet werden; denn auch nach dem Ergebnis unserer Hochrechnung ist der Anteil der unter 40jährigen Frauen, die mit einer Überschreitung ihrer idealen Kinderzahl rechnen, größer als der Anteil derer, die unter Idealbedingungen gern mehr Kinder hätten, als sie unter den gegebenen Bedingungen wünschen bzw. erwarten. Unter weitgehender Ausschaltung des Stichprobeneffekts beträgt das Verhältnis dieser beiden Gruppen zueinander, die unter den gegebenen Bedingungen ihre ideale Kinderzahl nicht realisieren können — oder wollen, 17 : 14.

Unter mikrosoziologischem Aspekt ist hervorzuheben, daß Vorstellungen, Pläne und Wünsche im generativen Bereich zu einem erheblichen Teil durch den Entschluß zur Ehe bzw. die Legalisierung der Partnerwahl und durch das bereits realisierte generative Verhalten der Ehepartner, d. h. durch die vorhandene Kinderzahl, bestimmt werden. Es ist festzustellen, daß der Zusammenhang zwischen Eheschließung und Kinderwunsch weitgehend den Charakter einer Wenn-Dann-Beziehung trägt: wenn Ehe, dann auch Kinder — und zwar möglichst zwei. Unsere Fragestellung verlagert sich damit also bereits in den vorehelichen Bereich, und an Hand einer Sonderstichprobe Unverheirateter wäre zu prüfen, welche Faktoren Partnerwahl und Bereitschaft zur Eheschließung bedingen und inwieweit diese Wenn-Dann-Aussage auch umkehrbar ist. Longitudinal wäre zu untersuchen, in bezug auf welche der für das generative Verhalten in dieser Untersuchung als relevant ermittelten Faktoren sich verheiratete von gleichaltrigen unverheirateten Frauen unterscheiden und welche Bedeutung dabei den interpersonellen Faktoren zukommt.

Unter Einbeziehung des Gesamtmaterials ließen sich — außer den beiden bereits erwähnten Faktoren — in diesem ersten Querschnitt folgende fünf als relevant zu erachtende Bedingungskomplexe herauskristallisieren:

1. der Bereich sozio-kultureller Faktoren,
2. der Bereich innerfamiliärer Faktoren,
3. der Bereich regionaler Faktoren,
4. der Bereich konfessioneller Faktoren und
5. der Alters- und Spacing-Faktoren umfassende Bereich.

In bezug auf diese fünf Bereiche, die untereinander in enger Beziehung stehen, waren im Rahmen der Gesamtstichprobe Differenzierungen der Kinderzahlangaben festzustellen. In der anschließend durchgeführten Kohortenanalyse zeigte sich jedoch, daß bei weitgehender Ausschaltung der Zeitfaktoren sowohl die Ortsgrößenklasse des Wohnorts und die hiermit zusammenhängende Wohnungsfrage als auch die formale Konfessionszugehörigkeit — wie von *Freedman* et al. (1960) bereits vermutet — für das generative Verhalten von sekundärer Bedeutung sind.

Dieses Querschnitts-Ergebnis kann jedoch nicht mit der Aussage gleichgesetzt werden, daß regionale und konfessionelle Faktoren für unsere Fragestellung irrelevant seien; denn es bleibt longitudinal noch zu prüfen, inwieweit eine wechselseitige Abhängigkeit — insbesondere zwischen generativem Verhalten und regionaler Mobilität — besteht. Nach unseren Ergebnissen liegt im Kontext die Vermutung nahe, daß jung verheiratete Ehepaare, die gegenwärtig bei einer als unzureichend empfundenen Wohnungssituation mehr als zwei Kinder individuell für ideal halten, noch vor Geburt des nächsten Kindes ihre Wohnung wechseln werden. Dieser Punkt bedeutet für unsere Untersuchung, daß die Erfassung der befragten Familien im nächsten Querschnitt vermutlich erschwert sein wird; unter gesellschaftspolitischem

Aspekt beinhaltet diese Hypothese jedoch, daß auch Maßnahmen der Regionalpolitik in bezug auf sozio-demographische Side-Effekts zu analysieren wären.

Im Gegensatz zu den konfessionellen und regionalen Faktoren eignen sich besonders die erfaßten Indikatoren innerfamiliärer Einstellungs- und Verhaltenstendenzen, um 0- bis 2-Kind-Familien von 3- und Mehr-Kind-Familien zu unterscheiden. Für den Bereich sozio-kultureller Faktoren ist dagegen festzustellen, daß diese objektiv erfaßbaren Faktoren, zu denen die Indikatoren der Soziallage, des Bildungs- und Einkommensniveaus zählen, für den generativen Bereich erst in Verbindung mit den psycho-sozialen Verhaltensweisen an Bedeutung gewinnen. Isoliert betrachtet lassen sich selbst aus der Kombination dieser Faktoren des sozio-kulturellen Bereichs nur begrenzt Rückschlüsse auf das generative Verhalten ziehen.

Diese Aussage bestätigt sich sowohl für die Familienplanung jung-verheirateter Ehepaare als auch — und zwar noch in verstärktem Ausmaß — für die nach Abschluß der Reproduktionsphase realisierte Familiengröße. Für den weiteren Verlauf der Gesamtuntersuchung bedeutet dieses Ergebnis, daß in den nächsten Querschnitten die weitere Entwicklung dieser innerfamiliären Einstellungsfaktoren zu verfolgen ist; denn retrospektiv ist nicht mehr festzustellen, welche Einstellungen die befragten Frauen zu Beginn ihrer Ehe hatten.

Im Vergleich zu den älteren Ehepaaren (Kohorte Realisierung) ist für die zwischen 1966 und 1970 geschlossenen Ehen (Kohorte Planung) festzustellen, daß in diesen Ehen die religiöse Haltung eine geringere Rolle im Familienleben spielt und daß diese Frauen eine tradierter Rollendifferenzierung entsprechende Ehepartnerbeziehung überwiegend ablehnen. Während in der älteren Gruppe vergleichsweise 46% eine eher ablehnende Haltung zur Religion angaben und ein gleich hoher Prozentsatz eine auf dem Egalitätsprinzip basierende Partnerbeziehung befürwortete, sind es in der jüngeren Gruppe 67%, die sich als eher areligiös bezeichnen, und 74%, die egalitäre Partnerbeziehung befürworten.

Von Interesse scheint in diesem Zusammenhang auch die Antwort der Frau auf die Frage nach ihrer Ausbildungszufriedenheit. Dieser Faktor ist zwar in bezug auf das realisierte wie auch in bezug auf das geplante generative Verhalten zu vernachlässigen, jedoch bei einem Vergleich der beiden Kohorten ist festzustellen, daß von den jüngeren Frauen (Kohorte Planung) nur 47% mit ihrer Ausbildung unzufrieden sind, während in der älteren Gruppe (Kohorte Realisierung) 62% etwas anderes machen würden, wenn sie noch einmal mit ihrer Ausbildung beginnen könnten.

Sehen wir dieses Ergebnis in Zusammenhang damit, daß in der Realisierungskohorte 42% der Frauen mit 3 oder mehr Kindern den Typ der 0- bis 2-Kind-Familie für ideal hielten, während die umgekehrte Situation nur bei 18% festzustellen ist, und daß sich in den 1966—1969 geschlossenen Ehen weitgehend Übereinstimmung zwischen Kinderwunsch und -ideal findet (von den 0 bis 2 Kinder wünschenden Frauen hätten unter Idealbedingungen 11% gern mehr Kinder, und 8% hielten die 2-Kind-Familie für ideal, obwohl sie selbst mit mehr Kindern rechneten), so liegt die Vermutung nahe, daß mit zunehmendem Emanzipationsniveau der Frau ihr auch die aus ihrem Grundrecht auf Bildung und dem auf Eheschließung und Familiengründung resultierende Problematik stärker bewußt wird.

Entsprechend tradierter Ehevorstellung schienen bisher für weite Bevölkerungskreise diese beiden Rechte durch Internalisierung der Geschlechtsrollen relativ problemlos miteinander vereinbar: für die Frau hatte das Recht auf Ehe und Familie Vorrang vor ihrem Recht auf Bildung. Die Meinung, daß Mädchen — da sie ja doch heiraten — keine besondere Ausbildung brauchen, ist auch heute noch verbreitet; unsere Untersuchung legt jedoch die Vermutung nahe, daß inzwischen das sich aus der Kollision dieser beiden Grundrechte ergebende Konfliktpotential in allen Bevölkerungsgruppen an Aktualität gewonnen hat.

Ein weiterer Vergleich der beiden Kohorten zeigt, daß in den 1966—1969 geschlossenen Ehen überwiegend eine positive Einstellung zu den oralen Antikonzeptiva besteht und daß im Gegensatz zur Realisierungskohorte in diesen Ehen in bezug auf die Einstellung zur „Pille" keine schichtspezifische Differenzierung festzustellen ist. Gewichten wir, um einen Anhaltswert für die dahinter zu vermutende Einstellungsänderung zu erhalten, den Anteil generell negativer Einstellungen zur Pille mit 1, den Anteil derer mit medizinischen Bedenken mit 2 und die Gruppe derer, die orale Antikonzeptiva befürworten mit 3, so ergibt sich für die zwischen 1966 und 1970 geschlossenen Ehen (Kohorte Planung) ein Gesamtwert von 2,72. Für die älteren Ehepaare (Kohorte Realisierung), für die dieser Wert auf Grund der sozialdifferenzierten Einstellung nach Sozialgruppen getrennt zu berechnen ist, ergeben sich nach diesem Rechenverfahren die in Tab. 55 zusammengestellten Indices.

Tab. 55: Soziale Differenzierung der Einstellung zur „Pille" in den 1956 bis 1959 geschlossenen Ehen (Kohorte Realisierung)

Sozialschicht des Mannes	Index der Einstellung zur „Pille"
A Oberschicht	2,80
B gehobene Mittelschicht	2,56
C Mittelschicht	2,46
D gehobene Grundschicht	2,25
E Grundschicht	2,23

Beim Vergleich der Indices der Kohorte Realisierung mit dem Index der Kohorte Planung (2,72), ist mit steigender Sozialschicht eine abnehmende Differenz festzustellen. Es ist damit insbesondere für die soziale Grundschicht eine recht ausgeprägte Einstellungsänderung anzunehmen.

Nach gleichem Verfahren wurde auch ein Index für die Unsicherheitstoleranz der Frau — den Indikator des Emanzipationsniveaus — berechnet. Gewichten wir eine geringe Unsicherheitstoleranz mit 1, eine mittlere mit 2 und eine hohe mit 3, so erhalten wir für die Kohorte Realisierung, in der dieses Merkmal nicht schichtspezifisch differenziert ist, einen Gesamtwert von 1,95. Dieser Wert wird in der Planungskohorte in allen Sozialgruppen überschritten. Außerdem ist festzustellen, daß die Differenz zu dem Index der Kohorte Realisierung (1,95) mit steigender Sozialschicht größer wird (Tab. 56).

Im Kontext deutet dieses Ergebnis die zunehmende Tendenz an, daß Frauen mit höherem Bildungs- und Emanzipationsniveau den aus der Kollision ihrer Grundrechte resultierenden Rollenkonflikt bereits vor der Eheschließung erkannt haben und daß diese Frauen den Konflikt dahingehend zu lösen tendieren, daß für sie der Entschluß zur Ehe gleichbedeutend ist mit der Bereitschaft, „hauptberuflich" die

Rolle des Sozialisationsagenten eigener Kinder zu übernehmen. Für diese Frauen würde damit dann der Freizeitwert ihrer vorehelichen Ausbildung während ihrer Tätigkeit als Hausfrau und Mutter steigen.

Tab. 56: Soziale Differenzierung der Unsicherheitstoleranz der Frau in den 1966 bis 1969 geschlossenen Ehen (Kohorte Planung)

	Sozialschicht des Mannes	Index der Unsicherheitstoleranz
A	Oberschicht	2,53
B	gehobene Mittelschicht	2,48
C	Mittelschicht	2,35
D	gehobene Grundschicht	2,15
E	Grundschicht	2,11

Bei Durchsicht des Untersuchungsmaterials fallen die folgenden drei Haupttypen auf, die für die Bedingungskonstellation derjenigen Ehepaare kennzeichnend sind, die die 2-Kind-Norm überschreiten; es sind:
1. Familien der sozialen Oberschicht, in denen die Frau eine generell positive Einstellung zu den oralen Antikonzeptiva hat. Auf Grund des verwandten Schichtungsmodells (*Jürgens,* 1965) handelt es sich hierbei definitionsgemäß um Akademikerfamilien, in denen — nach dem dominierenden Prinzip sozio-kultureller Homogamie — die Frau überwiegend Abitur und zum Teil auch gleichfalls studiert hat. Entsprechende Bedingungskonstellationen wie bei diesem ersten Familientyp sind auch bei denjenigen Frauen festzustellen, die unter Idealbedingungen gern mehr Kinder hätten als sie unter den gegebenen haben oder erwarten.
2. Familien, in denen die Frau nicht nur orale Antikonzeptiva, sondern auch eine auf dem Egalitätsprinzip basierende Rollenverteilung in der Ehe befürwortet. Diese beiden Einstellungsindikatoren sind über eine hohe Unsicherheitstoleranz der Frau miteinander verbunden; somit gehören zu diesem Familientyp überwiegend Frauen, die neuen Situationen — seien sie geplant oder ungeplant — flexibel und anpassungsbereit gegenüberstehen. Da diese Indikatoren des Emanzipationsniveaus — im Gegensatz zu dem Ergebnis unserer Gesamtstichprobe — nach Abschluß der Fruchtbarkeit keine soziale Differenzierung zeigen, ist demnach keineswegs auszuschließen, daß sich die Fähigkeit und Bereitschaft der Frau zu realitäts-orientiertem Lernen und zu konstruktiver Konfliktlösung aus dem wechselseitigen Lernprozeß zwischen Ehepartnern und Kindern im Zeitablauf entwickelt.
3. Familien, in denen die religiöse Haltung eine sehr große Rolle spielt. Nach dem Ergebnis von *Gebhard, Pomeroy, Martin, Christenson* (1958), die zwischen religiöser Bindung und Kinderzahl einen positiven, zwischen religiöser Bindung und Tendenz zur Abtreibung hingegen einen negativen Zusammenhang feststellten, liegt die Vermutung nahe, daß das generative Verhalten dieses Familientyps verstärkt unter dem Einfluß sozial-institutioneller Faktoren steht und sich damit eher am „sozialen Dürfen" orientiert. Im Rahmen unserer Untersuchung ist jedoch ein mit der Rechtsordnung in Konflikt stehendes Verhalten nicht erfaßbar. Da ein aus-

geprägter Zusammenhang zwischen dem Grad der Religiosität und den anderen in die Kohortenanalyse einbezogenen Faktoren nicht festgestellt wurde, müssen wir uns in diesem Untersuchungsabschnitt mit der Aussage begnügen, daß der Typ der religiösen Familie unabhängig von den beiden anderen Konstellationstypen existiert.

Während in den zwischen 1956 und 1960 geschlossenen Ehen — also nach Abschluß der Reproduktionsphase — diese drei Familientypen alle vertreten sind, dominiert in bezug auf das geplante generative Verhalten in den 1966—1969 geschlossenen Ehen eine Kombination aus den beiden ersten Konstellationstypen: Es sind somit Frauen mit hohem Emanzipations-, Bildungs- und damit verbunden auch Einkommensniveau, die sich Versorgung und Sozialisation von mehr als zwei Kindern nicht nur zutrauen, sondern die diese Familiengröße auch individuell für ideal halten.

Für die Realisierung einer 3- oder Mehr-Kind-Familie haben nach unseren Ergebnissen die Alters- und Spacing-Faktoren „strategische Bedeutung". Es ist festzustellen, daß in denjenigen Familien, die die 2-Kind-Norm überschreiten,

a) die Frau bei Geburt ihres ersten Kindes das 25. Lebensjahr noch nicht vollendet hat,
b) das erste Kind bereits im ersten Ehehalbjahr geboren wurde,
c) der Abstand zwischen der Geburt des 1. und des 2. Kindes weniger als zwei Jahre beträgt.

Im Gegensatz dazu sind Frauen, die weniger als drei Kinder haben, bei Geburt ihres ersten Kindes bereits 26 Jahre oder auch älter, das erste Kind wird nicht vor dem zweiten Ehejahr und das zweite frühestens drei Jahre später geboren.

Da zwischen den ersten beiden der oben genannten Faktoren (a und b) ein positiver Zusammenhang besteht, der dritte Faktor (c) jedoch von den beiden anderen unabhängig ist, kann der Einfluß der Alters- und Spacing-Faktoren auf das generative Verhalten vereinfacht durch ein Vierfelderschema dargestellt werden, wobei folgende Strategien zu unterscheiden sind:

1. Geringes Alter der Frau bei Geburt des ersten Kindes und geringes Spacing; weder vor- noch innereheliche Geburtenkontrolle ist anzunehmen, die Fruchtbarkeit wird durch das „biologische Können" bestimmt.
2. Geringes Alter der Frau bei Geburt des ersten Kindes und langes Spacing; innereheliche Geburtenkontrolle ist anzunehmen, die Fruchtbarkeit wird durch das „persönliche Wollen" reduziert.
3. Hohes Alter der Frau bei Geburt des ersten Kindes und geringes Spacing; voreheliche Geburtenkontrolle ist anzunehmen, die Fruchtbarkeit wird durch das „biologische Können" begrenzt.
4. Hohes Alter der Frau bei Geburt des ersten Kindes und langes Spacing; vor- und innereheliche Geburtenkontrolle ist anzunehmen, die Fruchtbarkeit wird fortdauernd durch das „persönliche Wollen" reduziert.

Das Heiratsalter der Frau dagegen erwies sich in beiden Unterstichproben als bedeutungslos, und auch in der Gesamtstichprobe kam diesem Faktor nur geringer Einfluß zu. Ein Vergleich der bis 1969 kumulierten ehelichen Kohortenfruchtbarkeit mit der vorhandenen Kinderzahl zeigt, daß sich die Frauen insgesamt so verhielten, als hätten sie zwischen 22 und 23 Jahren geheiratet (StBA, Fachserie A, Reihe 2:

1959 (Tab. I 17), 1965 (Tab. I 19), (Tab. B 12)). Differenziert nach der Sozialschicht des Mannes, ist jedoch festzustellen, daß sich nur in den Schichten A, D und E — also in der sozialen Oberschicht und der sozialen Grundschicht — die Frauen so verhielten wie gleichaltrige, die bei Eheschließung das 23. Lebensjahr noch nicht vollendet hatten. Die vorhandene Kinderzahl der beiden mittleren Sozialschichten (B und C) entsprach dagegen derjenigen, die bei einem Heiratsalter zwischen 23 und 24 Jahren zu erwarten wäre.

In unserer Gesamtstichprobe hatten wir sowohl einen negativen Zusammenhang zwischen Soziallage und Heiratsalter festgestellt als auch einen Rückgang des Heiratsalters im Zeitablauf; und in der Gruppe der 1966–1969 geschlossenen Ehen, bei denen Familien der sozialen Oberschicht im Vergleich zur Gesamtstichprobe überrepräsentiert waren, übertraf das Median-Heiratsalter das derer, die zwischen 1956 und 1960 geheiratet hatten. Damit liegt die Vermutung nahe, daß es sich bei den aufgezeigten vier Strategien um sozialdifferenzierte Verhaltensweisen im generativen Bereich handelt, und daß — wie von *Gebhard* et al. (1958) vermutet und von *Cho, Grabill, Bogue* (*Bogue* 1969) für die USA festgestellt — auch für die Bundesrepublik eine schichtspezifische Differenzierung altersspezifischer Fruchtbarkeitsziffern anzunehmen ist. Es würde demnach Strategie 3 das Verhalten der sozialen Oberschicht kennzeichnen, Strategie 4 das Verhalten der sozialen Mittelschicht, und eine Kombination aus den beiden ersten Strategien das Verhalten der sozialen Grundschicht.

Um die hiernach zu vermutenden schichtspezifischen Abweichungen des generativen Verhaltens von dem der gleichaltrigen Durchschnittsbevölkerung abschätzen zu können, wurde auch für die einzelnen Sozialgruppen getrennt die kumulierte Fruchtbarkeit der jeweils gleichaltrigen Frauenkohorte berechnet. Abb. 3 zeigt die schichtspezifischen Abweichungen des generativen Verhaltens, wobei die Werte für die bis 1969 und bis zum 45. Lebensjahr theoretisch zu erwartende Geborenenzahl (Tab. 57) jeweils gleich 100 gesetzt sind.

Wie an Hand von Tab. 57 und Abb. 3 festzustellen, zeigt sich eine negative Ab-

Tab. 57: Medianwerte der Altersverteilung, der vorhandenen, unter den gegebenen Bedingungen gewünschten (= in der Ehe erwarteten) und individuell für ideal gehaltenen Kinderzahl unter 40jähriger Frauen nach der Sozialschicht des Mannes* und theoretisch zu erwartende Geborenenzahl** (Kinderzahl = Klassenmitte)

Medianwerte	Sozialschicht des Mannes*					Insgesamt
	A	B	C	D	E	
Geburtsdatum	1937,5	1939,0	1938,1	1938,3	1936,5	1938,1
vorhandene Kdz	1,87	1,66	1,67	1,79	2,00	1,77
gewünschte (= erwartete) Kdz	2,59	2,35	2,19	2,20	2,44	2,23
ideale Kdz	2,65	2,41	2,17	2,14	2,23	2,17
*theoretisch zu erwartende Geborenenzahl**						
bis 1969	1,80	1,65	1,75	1,73	1,88	1,75
bis zum 45. Lebensjahr	2,26	2,25	2,26	2,26	2,26	2,26

* unter Berücksichtigung der schichtspezifischen Verteilung der Familiengrößen im Bundesgebiet 1967, berechnet nach Basismaterial zu *Jürgens,* 1967
** berechnet nach Angaben der amtlichen Statistik (Statistisches Bundesamt Wiesbaden: Fachserie A Reihe 2 (1959 (Tab. I 17), 1965 (Tab. I 19); Statistisches Jahrbuch 1973 (Tab. II A6))

weichung vom Erwartungswert für das bis 1969 realisierte generative Verhalten nur in der Sozialschicht C; im Vergleich zu der insgesamt theoretisch zu erwartenden Geborenenzahl beabsichtigt sowohl die Sozialschicht C als auch die soziale Grundschicht D unter den gegebenen Bedingungen eine Einschränkung ihrer Fruchtbarkeit, und unter Idealbedingungen hätten nicht nur Schicht C und D, sondern auch Sozialschicht E gern weniger Kinder als für den gleichaltrigen Bevölkerungsdurchschnitt auf der Basis von 1969 bis zum 45. Lebensjahr insgesamt zu erwarten sind. Für die beiden oberen Sozialschichten A und B zeigt sich der genau entgegengesetzte Trend: die größte positive Abweichung ist in bezug auf die unter Idealbedingungen gewünschte Kinderzahl festzustellen, etwas geringer ist die positive Differenz zwischen dem Erwartungswert und der unter den gegebenen Bedingungen gewünschten bzw. für realisierbar gehaltenen Kinderzahl, während im Vergleich dazu die vorhandene Kinderzahl nur wenig über dem Erwartungswert für das bis 1969 realisierte generative Verhalten liegt.

Freedman, Baumert, Bolte (1960) stellten in ihrer Untersuchung 1958 in bezug auf die weitere Entwicklung des generativen Verhaltens in der Bundesrepublik Deutschland die Hypothese auf, daß sich mit zunehmender Verbreitung der Familienplanungsidee in der Bevölkerung auch verstärkt ein positiver Zusammenhang zwischen Soziallage und Kinderzahl ausprägt — einerseits bedingt durch Rückgang der Fruchtbarkeit in den unteren Sozialgruppen, andererseits durch einen gewissen Kinderreichtum in den oberen Sozialschichten. Nach dem Ergebnis unserer Gesamtstichprobe konnten wir diese Hypothese um die Vermutung ergänzen, daß auch mit steigendem Emanzipationsniveau der Frau, gekennzeichnet durch ihre Unsicherheitstoleranz, die durchschnittliche Kinderzahl in den Ehen der Bundesrepublik weiter zurückgehen wird.

Tab. 58: Realisierung und Planung unterschiedlich großer Familien in den einzelnen Sozialschichten (in %)

Sozialschicht des Mannes (%)	Kinderzahl				N = 100 %	
	0 bis 2		3 oder mehr		Kohorte Realisierung	Kohorte Planung
	Realisierung	Planung	Realisierung	Planung	Eheschließungsjahr 1956–1959	Eheschließungsjahr 1966–1969
A = 3,1	33	39	67	61	36	41
B = 4,4	44	55	56	45	61	100
C = 27,1	59	82	41	18	124	79
D = 55,3	54	80	46	20	279	122
E = 10,2	40	75	60	25	50	8
Insgesamt*	53	78	47	22	550	350

* unter Berücksichtigung der Sozialschichtenverteilung in der Bundesrepublik 1967 (Familienbericht der Bundesregierung 1968, S. 80)

Für beide Annahmen, deren makrosoziologische Bedeutung aus der sozialen Differenzierung der Bevölkerung der Bundesrepublik resultiert, sprechen sowohl die Ergebnisse der Kohortenanalyse als auch die der Hochrechnung. Stellen wir das geplante generative Verhalten in den zwischen 1966 und 1970 geschlossenen Ehen dem realisierten Verhalten der zwischen 1956 und 1960 geschlossenen Ehen differenziert nach der Sozialschicht des Mannes gegenüber, so ist die Tendenz vom U- zum positiven J-förmigen Zusammenhang zwischen Soziallage und Kinderzahl festzustellen (Tab. 58): je höher die Soziallage, desto größer ist der Anteil derer, die gern mehr als zwei Kinder hätten.

Diese Ergebnisse zur schichtspezifischen Differenzierung des generativen Verhaltens deuten darauf hin, daß der seit 1964 zu beobachtende Geburtenrückgang zum Teil durch eine Verlängerung des Abstands zwischen der Geburt des ersten und des zweiten Kindes erklärbar ist und daß für die weitere Entwicklung des generativen Verhaltens mit einem Anstieg des Alters der Frau bei Geburt des ersten Kindes gerechnet werden kann. Entscheidend für die weitere Entwicklung ist dabei das realisierte Verhalten der Sozialschichten C und D, die zahlenmäßig die größten Bevölkerungsgruppen repräsentieren. Gegenwärtig ist für diese Gruppe ein der

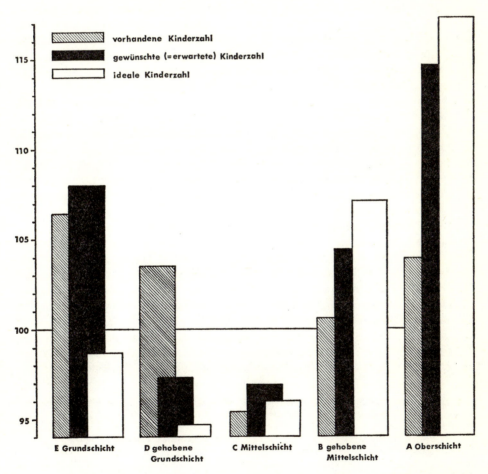

Abb. 3: Schichtspezifische Abweichungen des generativen Verhaltens von dem der gleichaltrigen Durchschnittsbevölkerung

theoretisch zu erwartende Geborenenzahl bis 1969 und bis zum 45. Lebensjahr = 100

Strategie 2—4 entsprechendes generatives Verhalten anzunehmen. Sofern sich bei gleichbleibendem Spacing das Alter der Frau bei Geburt ihres ersten Kindes auch in der sozialen Grundschicht erhöht, wäre weiterhin mit Geburtenrückgang zu rechnen; denn die Wahrscheinlichkeit für eine Geburtenzunahme scheint desto geringer, je größer der Bevölkerungsanteil ist, der Strategie 4 — also hohes Erstgeburtsalter und hohes Spacing — bevorzugt.

Diese Aussagen zur schichtspezifischen Differenzierung des Fortpflanzungsverhaltens und deren makrosoziologische Bedeutung für die weitere Bevölkerungsentwicklung können nach den aus dem ersten Querschnitt vorliegenden Informationen jedoch vorerst nur hypothetischen Charakter haben. Im Verlauf der weiteren Untersuchung ist in den nachfolgenden Querschnitten sowie auch an Hand von Sonderstichproben die Frage der vor- und innerehelich praktizierten Familienplanung eingehender zu prüfen.

Gleichfalls mit dieser Einschränkung ist auch das Ergebnis zu bewerten, daß Frauen, die ein Kind haben, sich insgesamt weniger Kinder — sowohl unter den gegebenen als auch unter Idealbedingungen — wünschen als solche, die bereits mehr Kinder haben oder die noch kinderlos sind. Zwar hatten auch *Freedman, Whelpton, Campbell* (1959) in ihrer Untersuchung diesen 1-Kind-Effekt festgestellt; abzusichern ist dieses Ergebnis für die Ehen in der Bundesrepublik jedoch erst nach erneuter Befragung der noch kinderlosen Ehepaare unserer Stichprobe.

Unter gesellschaftspolitischem Aspekt scheint uns die Bereitschaft zur Reduzierung der endgültigen Familiengröße nach Geburt des ersten Kindes — trotz dieser Einschränkung — jedoch bereits nach den aus dem ersten Querschnitt vorliegenden Informationen relevant; denn weder durch den Einfluß von Zeitfaktoren noch durch den positiven Zusammenhang zwischen dem Alter der Frau und ihrer Kinderzahl ist dieser Effekt erklärbar. Er deutet vielmehr darauf hin, daß mit dem Übergang von Ehe zu Familie im psycho-sozialen Bereich eine „sensible Phase" eingeleitet wird, in der die Ehepartner nicht nur gezwungen, sondern auch bereit sind, neue Verhaltensweisen zu lernen und bisherige Einstellungen zu revidieren.

Dieser Effekt, der in allen Sozialgruppen festzustellen ist, zeigt sich in den extremen Sozialschichten (A und E) besonders deutlich. Während jedoch die soziale Oberschicht ihre vor Geburt des ersten Kindes für ideal gehaltene Familiengröße nach Geburt des dritten Kindes auch wieder für erstrebenswert hält, wird in der sozialen Grundschicht die vor dem ersten Kind für ideal gehaltene Kinderzahl nicht wieder erreicht. Berechnen wir jeweils den Medianwert der individuell für ideal gehaltenen Kinderzahl in Abhängigkeit von der Familiengröße für die einzelnen Sozialschichten und setzen wir diesen Wert für die noch kinderlose Familie gleich 100, so zeigt sich die in Tab. 59 dargestellte soziale Differenzierung für diesen „Ein-Kind-Schock".

Tab. 59: Familiengrößenspezifisch individuell für ideal gehaltene Kinderzahl nach der Sozialschicht des Mannes (Ideal vor Geburt des ersten Kindes = 100)

Vorhandene Kinderzahl	Sozialschicht des Mannes				
	A	B	C	D	E
1	89	95	96	95	62
2	91	92	105	100	69
3	112	111	123	112	80

Setzen wir dieses Ergebnis zu unserer Hypothese über die schichtspezifische Differenzierung der Fruchtbarkeit in Beziehung, so lassen sich aus der Kombination beider Punkte — die jedoch in den weiteren Querschnitten der Untersuchung noch eingehender zu prüfen sind — folgende Überlegungen ableiten: Für die soziale Oberschicht ist Familienplanung vor Geburt des ersten und nach Geburt des letzten gewünschten Kindes anzunehmen; bei Familien der sozialen Grundschicht setzt die Familienplanung vermutlich erst nach Geburt des ersten Kindes mehr oder weniger erfolgreich ein; der 1-Kind-Effekt zeigt sich in den extremen Sozialgruppen besonders deutlich; im Gegensatz zur Grundschichtfamilie wird er in den Familien der sozialen Oberschicht jedoch wieder überwunden. Damit liegt die Vermutung nahe, daß in allen Sozial- und somit auch Bevölkerungsgruppen die Vorbereitung der Frau sowohl auf ihre neue Rolle als Mutter und Sozialisationsagent als auch auf die veränderte sozio-ökonomische Situation unzureichend ist und daß für Frauen aller Sozialgruppen diese — durch Geburt des ersten Kindes ausgelöste — Falsifikationskrise eine erfahrungsbedingte Einstellungs- wenn nicht sogar Verhaltensänderung im generativen Bereich zu bewirken scheint, deren Ausmaß um so größer anzunehmen ist, je geringer das Emanzipations- und Informationsniveau der Frau vor Geburt ihres ersten Kindes vermutet werden kann.

Definieren wir als gesellschaftspolitische Zielsetzung die Erhöhung des durchschnittlichen Emanzipations- bzw. Falsifizierbarkeitsniveaus, die Wahrung der Privatsphäre und Akzeptierung des elterlichen Grundrechts, in eigener Verantwortung darüber zu entscheiden, wieviele Kinder sie haben wollen und wann diese Kinder geboren werden sollen, so wären die 0- und die 1-Kind-Familien als Zielgruppen zukünftiger familien- und bevölkerungspolitischer Maßnahmen zu betrachten. Da durch derartige Maßnahmen jedoch nur die externen, nicht aber die internen Bedingungsfaktoren modifizierbar sind, müßten unterstützende Maßnahmen zur Vermeidung „sozialer Frühgeburten", Reduzierung des „Ein-Kind-Schocks" und damit auch Verwirklichung der vor Geburt des ersten Kindes individuell für ideal gehaltenen Kinderzahl bereits vor Geburt des ersten Kindes effektiv sein; denn die externen, objektiv erfaßbaren Sozialdaten sind nach unseren Ergebnissen für das generative Verhalten nur von sekundärer Bedeutung im Vergleich zu den innerfamiliären Faktoren. Ob es sich bei diesen Einstellungsindikatoren, zu denen auch die individuell für ideal gehaltene Kinderzahl zu rechnen ist, um stabile, intrapersonelle Persönlichkeitsmerkmale der Frau oder um interpersonelle — aus der Partnerkonstellation resultierende — Faktoren handelt, ist in diesem ersten Querschnitt nicht eindeutig zu beantworten. Diese Fragestellung sowie auch die nach Einstellungsänderungen auslösenden Faktoren setzen longitudinale Betrachtung voraus.

Für die weitere Entwicklung des generativen Verhaltens in der Bundesrepublik kann jedoch davon ausgegangen werden, daß die Wahrscheinlichkeit für ungeplantes generatives Verhalten fertiler Ehepartner um so geringer wird, je mehr Antikonzeptiva nicht nur befürwortet, sondern auch erfolgreich angewandt werden. Dies beinhaltet gleichzeitig, daß Maßnahmen von sozial-institutioneller Seite, die dem „persönlichen Wollen" der Ehepartner zuwiderlaufen, eher zu einer Konfliktsituation als zu einer Änderung der Geburtenzahl führen könnten. Dieses „persönliche Wollen" ist gegenwärtig auf die 2-Kind-Norm ausgerichtet, wobei hervorzuheben ist, daß diejenigen Frauen, für die eine effektive voreheliche Familienplanungspraxis anzunehmen ist, eher einen gewissen Kinderreichtum bevorzugen, während diejenigen, die sich vermutlich erst nach Geburt des ersten Kindes intensiver mit Fragen der Familienplanung beschäftigen, eher zu einer Beschränkung der Kinderzahl neigen.

Morsa (1973) stellte an Hand der Daten der belgischen Longitudinalstudie fest, daß gerade diejenigen Frauen, die die wenigsten Kinder wünschten, auch am wenigsten über die Möglichkeiten der Geburtenkontrolle informiert waren und zur Konzeptionsvermeidung überwiegend archaische Methoden anwandten. Nach den Ergebnissen von *Freedman* und *Coombs* (1968) scheint sich in den *USA* der Trend „soon or not at all" im generativen Bereich abzuzeichnen, und *Glick* (1967) kam — gleichfalls für die *USA* — zu dem Ergebnis, daß sozio-kulturell homogame Ehen fertiler seien, weil — so vermutet er — sich in diesen Ehen auf Grund ähnlicher Normen- und Wertsysteme Spannungen und Konflikte leichter beseitigen lassen. Ob diese Aussagen auch für die Ehen in der Bundesrepublik Deutschland zutreffend sind, ist u. a. im nächsten Querschnitt dieser Untersuchung zu prüfen.

Kurzfassung der Ergebnisse

Die Ergebnisse dieser Arbeit können — nimmt man ein gewisses Maß an Generalisierung in Kauf — zu nachfolgenden Thesen zusammengefaßt werden:

1. In den zahlenmäßigen Angaben über Vorstellungen, Pläne und Wünsche im generativen Bereich dominiert gegenwärtig (1969/70) die 2- bis maximal 4-Kind-Familie. Für die unter den gegebenen Bedingungen gewünschte bzw. erwartete, wie auch für die als ideal erachtete Kinderzahl ist eine linksschiefe Verteilung mit einem ausgeprägten Schwerpunkt bei der 2-Kind-Familie festzustellen. Der Trend zum 2-Kind-System hat sich seit 1958 deutlich verstärkt.
2. Besonders die Ehemänner tendieren — nach Angabe der Frau — zu dieser 2-Kind-Norm. Diskrepanzen zwischen dem Kinderwunsch von Mann und Frau sind häufiger dann festzustellen, wenn die Frau weniger als zwei Kinder wünscht oder wenn sie unter den gegebenen Bedingungen mit mehr als zwei Kindern rechnet.
3. Der Anteil derer, die eine Überschreitung ihrer als ideal angesehenen Kinderzahl befürchten, ist größer als der Anteil derer, die unter Idealbedingungen gern mehr Kinder hätten, als sie unter den gegebenen Bedingungen planen. Es besteht somit Grund zu der Annahme, daß auch gegenwärtig noch die Begrenzung der Familiengröße auf die individuell für ideal gehaltene Kinderzahl problematischer ist, als die Realisierung eines gewissen Kinderreichtums.
4. Vorstellungen, Pläne und Wünsche im generativen Bereich werden zu einem erheblichen Teil zunächst durch den Entschluß zur Ehe und später durch die bereits vorhandene Kinderzahl bestimmt. Der Zusammenhang zwischen Eheschließung und Kinderwunsch trägt weitgehend den Charakter einer Wenn-Dann-Beziehung: wenn Ehe, dann auch Kinder — und zwar möglichst zwei.
5. Die Ortsgrößenklasse des Wohnorts und die hiermit zusammenhängende Wohnungsfrage sowie auch die formale Konfessionszugehörigkeit sind für den generativen Bereich von sekundärer Bedeutung.
6. Die objektiv erfaßbaren sozio-kulturellen Faktoren, zu denen Indikatoren der Soziallage, des Bildungs- und des Einkommensniveaus zählen, gewinnen erst in Verbindung mit psycho-sozialen Verhaltensweisen für das generative Verhalten an Bedeutung. Isoliert betrachtet lassen sich selbst aus der Kombination sozio-kultureller Faktoren nur begrenzt Rückschlüsse auf das generative Verhalten ziehen.
7. Für Familien, die die 2-Kind-Norm überschreiten, ist kennzeichnend, daß die Frau eine positive Einstellung zu oralen Antikonzeptiva und egalitärer Partnerbeziehung hat und neuen Situationen anpassungsbereit gegenübersteht; auch Familien der sozialen Oberschicht gehören zu dieser Gruppe. Ein anderes Kennzeichen für Familien, die die 2-Kind-Norm überschreiten, ist, daß in diesen Familien die Religion eine große Rolle spielt. Individuell für ideal gehalten, und in den 1966—1969 geschlossenen Ehen auch geplant, werden mehr als zwei Kinder von Frauen mit hohem Emanzipations-, Bildungs- und damit verbunden auch Einkommensniveau.
8. Im Vergleich zu den zwischen 1956 und 1960 geschlossenen Ehen spielt die Re-

ligion im Familienleben derjenigen, die zwischen 1966 und 1970 geheiratet haben, eine geringere Rolle; eine tradierter Rollendifferenzierung entsprechende Ehepartnerbeziehung wird in der jüngeren Gruppe überwiegend abgelehnt; es ist geringere Ausbildungsunzufriedenheit, allgemein höheres Emanzipationsniveau sowie auch überwiegend eine positive Einstellung der Frau zu oralen Antikonzeptiva für die 1966—1969 geschlossenen Ehen festzustellen.

9. Der Einfluß der Alters- und Spacing-Faktoren auf das generative Verhalten kann vereinfacht durch ein Vierfelderschema dargestellt werden, das sich aus der Kombination von geringem (bzw. hohem) Alter der Frau bei Geburt ihres ersten Kindes und geringem (bzw. langem) Abstand zwischen der Geburt des ersten und des zweiten Kindes zusammensetzt. Die Grenzwerte für eine Über- bzw. Unterschreitung der 2-Kind-Norm sind gegenwärtig bei einem Alter von 26 und einem Abstand von 2 Jahren anzunehmen. Das Heiratsalter der Frau ist — sofern es die Grenze von 26 Jahren nicht überschreitet — von sekundärer Bedeutung. Es besteht Grund zu der Annahme, daß die vier Verhaltensweisen, die sich aus dem oben angeführten 4-Felder-Schema ergeben, sozialdifferenziert sind, daß die oberen Sozialgruppen gegenwärtig eher zu geringem Spacing bei hohem Erstgeburtsalter und die unteren Sozialgruppen eher zur umgekehrten Verhaltensweise tendieren.

10. Von dem realisierten generativen Verhalten des Bevölkerungsdurchschnitts zeigt nur die soziale Mittelschicht eine negative Abweichung. Im Vergleich zur theoretisch insgesamt bis zum 45. Lebensjahr zu erwartenden Geborenenzahl — auf der Basis der Verhältnisse von 1969 — beabsichtigen sowohl die soziale Mittelschicht als auch die gehobene soziale Grundschicht eine Einschränkung ihrer Fruchtbarkeit. Unter Idealbedingungen ist nur für die soziale Oberschicht und die gehobene Mittelschicht eine positive Abweichung vom Erwartungswert für den gleichaltrigen Bevölkerungsdurchschnitt festzustellen. Insgesamt zeigt sich damit eine Verlagerungstendenz vom U- zum positiven J-förmigen Zusammenhang zwischen Soziallage und Kinderzahl: je besser die Soziallage, desto mehr Kinder werden für ideal gehalten.

11. Es besteht Grund zu der Annahme, daß in allen Sozialschichten die Vorbereitung der verheirateten Frau auf die Rolle als Mutter und Sozialisationsagent sowie auch auf die durch Geburt des ersten Kindes veränderte sozio-ökonomische Situation unzureichend ist und daß für Frauen aller Sozialgruppen die Geburt des ersten Kindes eine erfahrungsbedingte Einstellungs-, wenn nicht sogar Verhaltensänderung im generativen Bereich nach sich zieht; Frauen, die ein Kind haben, wünschen sowohl unter den gegebenen als auch unter Idealbedingungen weniger Kinder als noch kinderlose Frauen.

12. Für die weitere Entwicklung des generativen Verhaltens in der Bundesrepublik kann davon ausgegangen werden, daß die Wahrscheinlichkeit für ungeplantes generatives Verhalten fertiler Ehepartner um so geringer wird, je mehr Antikonzeptiva nicht nur befürwortet, sondern auch erfolgreich angewandt werden. Maßnahmen von sozial-institutioneller Seite, die dem „persönlichen Wollen" der Ehepartner zuwiderlaufen, könnten demnach eher konfliktauslösend als geburtenfördernd wirken. Zu diesem „persönlichen Wollen" ist auch das Bedürfnis nach Informationen über Fragen der Ehe- und Familienplanung zu rechnen.

Summary

The volume presented is a first report of a longitudinal study (undertaken by the Department for Population Research at the University of Kiel) on factors influencing the views of present day couples in the Federal Republic of Germany on the number of children wanted, planned, and actually realized. Since 1968 the investigations has been following up a panel of 3000 persons chosen by random sampling. Contrary to the classical approach in demography the interpretation of the data obtained concentrated on determining the influence of typical attitudes of specific social groups and aimed at setting up clusters of conditioning factors.

A simple relation of cause and effect explaining or even predicting trends in generative behaviour could not be detected. It was found that, apart from biological factors, the decisive factors influencing ideas, plans, and aspirations within the generative domain, are to be sought rather within the internal structure of the family and the personal character of the partners than in the external context, e.g. level of eduction, occupation, income, religion, size of the place the couple lives in, housing situation.

These socio-cultural criteria are significant only when considered in combination with the psycho-social structures mentioned above.

We can therefore state that in the attempt to explain and to predict trends in the generative behaviour we have to consider socio-demographic data in combination with socio-psychological factors as one single complex of conditions.

Literaturverzeichnis

Bartel, H.: Statistik II für Psychologen, Pädagogen und Sozialwissenschaftler. Stuttgart 1972
Blake, J.: Ideal family size among white Americans: a quarter of a century's evidence. Demography 3 (1) (1966) 154—173
Bogue, D. J.: Principles of Demography. New York 1969
Bundesministerium für Familie und Jugend (Hrsg.): Bericht über die Lage der Familien in der Bundesrepublik Deutschland. Bad Godesberg 1968
Cliquet, R. L.: Nationale enquête over de vruchtbaarheid van de gehuwde vrouw in Belgie, Antropologische oogmerken van het onderzoek. Bevolking en Gezin / Population et Famille 13 (1967) 15—35
Döhring, G., Wieberinzki, B.: Analyse einer Fragebogenskala zur Messung der Unsicherheitstoleranz und ihr Vergleich mit dem PFS. Praktikumsbericht (unveröffentlicht) Kiel 1972
Dörner, D.: Informationsanalyse. Hektogr. Manuskript, Institut für Psychologie der Universität Kiel o. J.
Driver, E. D.: Essays on population policy. Lexington 1972
Edin, K. A., Hutchinson, E. P.: Studies in differential fertility in Sweden. London 1935
Freedman, R., Baumert, G., Bolte, M.: Expected family size and family size values in West Germany. Population Studies XIII (1959—60) 136—150 London 1960
Freedman, R., Coombs, L. C.: Expected family size and family growth patterns: a longitudinal study. In: *E. Szabady* (Hrsg.): World views of population problems. Budapest 1968
Freedman, R., Whelpton, P. K., Campbell, A. A.: Family planning, sterility and population growth. New York 1959
Fürstenberg, F.: Die Sozialstruktur der Bundesrepublik Deutschland, ein soziologischer Überblick. 2. neubearbeitete Auflage, Opladen 1972
Gebhard, P. H., Pomeroy, W. B., Martin, C. E., Christenson, C. V.: Pregnancy, birth and abortion. New York 1958
Glick, P. C.: Marriage and family variables related to fertility. In: United Nations (Hrsg.): World Population Conference 1965, II: Fertility, Family Planning, Mortality. New York 1967
Grabill, W. H., Cho, L. J.: Methodology for the measurement of current fertility from population data on young children. Demography 2 (1965) 50—73
Harmsen, H.: Mittel zur Geburtenreglung in der Gesetzgebung des Staates, unter besonderer Berücksichtigung des neuen Entwurfes eines Strafgesetzbuches. In: *F. Bauer, H. Bürger-Prinz, H. Giese, H. Jäger* (Hrsg.): Sexualität und Verbrechen, Beiträge zur Strafrechtsreform. Frankfurt 1963
Heberle, R.: Soziologische Theorie der Geburtenbeschränkung. In: *H. Harmsen, F. Lohse* (Hrsg.): Bevölkerungsfragen, Bericht des Internationalen Kongresses für Bevölkerungswissenschaft Berlin, 26. August—1. September 1935. München 1936
Jürgens, H. W.: Der Sozialtypus, ein Beitrag zu seiner anthropologischen Begriffsbestimmung. In: *H. W. Jürgens, C. Vogel:* Beiträge zur menschlichen Typenkunde. Stuttgart 1965
Jürgens, H. W.: Familiengröße und Bildungsweg der Kinder, ein Beitrag zum ersten Familienbericht der Bundesregierung. Bad Godesberg 1967
Jürgens, H. W., Pohl, K.: Demographische Analyse der gegenwärtigen Situation und der zukünftigen Entwicklung in Sierra Leone. In: *H. W. Jürgens, H. Kötter* u. a.: Entwicklungsprobleme Sierra Leones, eine interdisziplinäre Studie. Bd. 1 u. 3, Deutsches Inst. f. Afrikaforschung, Hamburg 1971
Kipp, H.: Partnerbeziehung und Öffentlichkeitsinteresse in den Familien der Bundesrepublik. Dissertation, Erlangen—Nürnberg 1968
Kiser, C. V., Grabill, W. H., Campbell, A. A.: Trends and variations in fertility in the United States. Cambridge, Mass. 1968
Knebel, H. J.: Metatheoretische Einführung in die Soziologie. München 1973
Lengsfeld, W.: Sozialanthropologische Einflüsse auf den Bildungsweg von Kindern unterschiedlich großer Familien. Dissertation, Kiel 1973
Linke, W., Rückert, G. R.: Voraussichtliche Bevölkerungsentwicklung bis 1985. Wirtschaft und Statistik 2 (1973) 82—87
Mackenroth, G.: Bevölkerungslehre, Theorie, Soziologie und Statistik der Bevölkerung. Berlin 1953
Mittenecker, E.: Planung und statistische Auswertung von Experimenten, eine Einführung für Psychologen, Biologen und Mediziner. 6. Auflage, Wien 1966
Morsa, J., Julémont, G.: Une enquête nationale sur la fécondité, IV. — Attentes et souhaits (1966). Population et Famille 26—27 (1972) 15—70

Morsa, J.: Une enquête nationale sur la fécondité, V. — Diffusion de la contraception orale (1971). Population et Famille 29 (1973) 25—36

Pohl, K.: Demographische Merkmale gewünschter und gewählter Ehepartner im Vergleich zu den tradierten Regeln der Partnerwahl. In: *H. W. Jürgens* (Hrsg.): Partnerwahl und Ehe, Theorie und Praxis. Hamburg 1973

Ryder, N. B., Westoff, C. F.: Relations among intended, expected, desired, and ideal family size: United States, 1965. Priceton 1969

Ryder, N. B., Westoff, C. F.: Reproduction in the United States, 1965. Princeton 1971

Sly, D. F., Ricards, S. L.: The fertility of a sample of American elites. Social Biology 19 (4) (1972) 393—400

Schwarz, K.: Die Kinderzahlen in den Ehen nach Bevölkerungsgruppen, Ergebnisse des Mikrozensus 1962. Wirtschaft und Statistik 2 (1964) 71—77

Schwarz, K.: Das Heiratsalter der Frauen in verschiedenen Bevölkerungsgruppen. Wirtschaft und Statistik 8 (1964) 458—460

Schwidetzky, I.: Grundzüge der Völkerbiologie. Stuttgart 1950

Statistisches Bundesamt Wiesbaden (Hrsg.): Die Frau in Familie und Beruf 1970. Stuttgart 1972

Statistisches Bundesamt Wiesbaden (Hrsg.): Statistisches Jahrbuch für die Bundesrepublik Deutschland: 1965, 1967, 1972, 1973

Statistisches Bundesamt Wiesbaden (Hrsg.): Fachserie A: Reihe 2. 1959, 1965, 1969; Volkszählung vom 6. 6. 1961, Heft 20

Thomas, D. S.: Social Aspects of the Business Cycle. London 1925

Westoff, C. F., Potter, R. G. jr., Sagi, P. C., Mishler, E. G.: Family growth in metropolitan America. Princeton 1961

Ware, H.: The limits of acceptable family size: evidence from Melbourne, Australia. Journal of Biosocial Science 5 (3) (1973) 309—328

Whelpton, P. K., Campbell, A. A., Patterson, J. E.: Fertility and family planning in the United States. Princeton 1966

Wurzbacher, G., Kipp, H.: Ehe und Elternschaft 1964 (Vorauswertung). In: Bundesministerium für Familie und Jugend (Hrsg.): Bericht über die Lage der Familien in der Bundesrepublik Deutschland, Teil A. Bad Godesberg 1968

Namenregister

Bartel, H. 88
Baumert, G. 16, 17, 42, 93, 100
Blake, J. 16
Bogue, D. J. 13, 99
Bolte, M. 16, 17, 42, 93, 100

Campbell, A. A. 7, 15, 16, 17, 20, 102
Cho, L. J. 13, 14, 99
Christenson, C. V. 97
Cliquet, R. L. 15
Coombs, L. C. 104

Döhring, G. 74
Dörner, D. 35, 86
Driver, E. D. 20

Edin, K. A. 15

Freedman, R. 7, 15, 16, 17, 20, 37, 42, 93, 94, 100, 102, 104
Fürstenberg, F. 16

Gebhard, P. H. 97, 99
Glick, P. C. 104
Grabill, W. H. 13, 14, 20, 99

Harmsen, H. 21
Heberle, R. 14
Hutchinson, E. P. 15

Julémont, G. 15, 16
Jürgens, H. W. 16, 30, 31, 34, 35, 50, 93, 97, 99

Kipp, H. 17, 76
Kiser, C. V. 20
Knebel, H. J. 73

Lengsfeld, W. 74
Linke, W. 18

Mackenroth, G. 14, 15, 16, 18
Martin, C. E. 97
Mishler, E. G. 74
Mittenecker, E. 35
Morsa, J. 15, 16, 104

Patterson, J. E. 20
Pohl, K. 16, 45
Pomeroy, W. B. 97
Potter, R. G. jr. 74

Ricards, S. L. 15, 16
Rückert, G. R. 18
Ryder, N. B. 16

Sagi, P. C. 74
Schwarz, K. 13, 14, 16
Schwidetzky, I. 14
Sly, D. F. 15, 16

Thomas, D. S. 20

Ware, H. 16
Westoff, C. F. 16, 74
Wieberinzki, B. 74
Whelpton, P. K. 7, 15, 16, 17, 20, 102
Wurzbacher, G. 17

Sachregister

Absicherung, finanzielle 60
Abstand zwischen Geburt des 1. und des 2. Kindes 80, 84, 101
Abstand zwischen Geburt des 2. und des 3. Kindes 80
Abstand zwischen Heirat und Geburt des 1. Kindes 80, 84, 101
Adoption 21
Alter der Frau bei Geburt des ersten Kindes 20, 80, 84, 102
Antikonzeptiva, orale, siehe Pille
Ausbildungszufriedenheit der Frau, siehe Berufsänderungswunsch der Frau

Bedingungskonstellationen 84 f., 97 f.
Berufsänderungswunsch der Frau 53, 95
Bevölkerungsbewegung, Differenzierung der 12
Bevölkerungsentwicklung 9, 18
Bevölkerungspolitik 9, 21, 28
— Maßnahmen der 28, 102
Bevölkerungsvorausschätzung 9, 10, 18, 27 f.
Bevölkerungswachstum 10

Ehedauer siehe Heiratsdatum
Ehepartnerbeziehung 73, 76 f.
— Indikatoren der 76
Ein-Kind-Effekt 37, 102 f.
Einkommen siehe Haushaltsnettoeinkommen
Einkommensentwicklung 60
Emanzipationsniveau der Frau 73 f., 78 f., 95 f., 100, 103
— Indikatoren des 73 f.

Falsifikationskrise 73, 103
Falsifizierbarkeitsniveau 78, 103
Finanzielle Lage, Diskussionen über die 58 ff.
Finanzlage, subjektive Einschätzung der 57 f., 60 f., 69
Fortpflanzungsverhalten siehe generatives Verhalten
Fruchtbarkeit 10 ff., 22, 26 f.
— außereheliche 11
— effektive 22
— eheliche 10, 11
— kumulierte 93, 98 f.
— potentielle 19
— Regulierung der 11 f.
Fruchtbarkeitsziffern, altersspezifische 17 f., 93, 99

Geburtenrate, Rückgang der 17
Geburtenrückgang 18, 23, 29, 93, 101 f.
Geburtenkontrolle 21 f., 37, 104
Geburtenzahlen, Rückgang der 18, 20
Geldverwaltung, Art der 76 f., 86, 88 ff.
Generationenabstand 14, 21
Generatives Verhalten 10 f., 22
— Bedingungen des 23 ff., 43 f.
— der amerikanischen Elite 15

— Dimensionen des 18 ff.
— Einfluß der Alters- und Spacing-Faktoren auf das 98
— geplantes (Kohorte Planung) 82 f., 86 ff., 92, 95 ff., 100 f.
— realisiertes (Kohorte Realisierung) 81, 83 ff., 88 ff., 92, 95 ff., 100 f.
— schichtsspezifische Abweichungen von dem des gleichaltrigen Bevölkerungsdurchschnitts 99 f.
— soziale Differenzierung des 12 ff., 18, 100 f.
— weitere Entwicklung des 15 f., 78 f., 92 f., 101, 103
Geschlecht des gewünschten Kindes 44

Haushaltsnettoeinkommen 54 ff., 60 f., 69, 75, 83 f., 86, 88 ff.
Heiratsalter 11, 98
— soziale Differenzierung des 14, 80, 99
Heiratsdatum 34, 81 f., 91
Hochrechnung 93
Homogamie, sozio-kulturelle 45

Informationsanalyse, multiple 86, 88

Kinderwunsch, Depression des siehe Ein-Kind-Effekt
Kinderzahl
— einer großen Familie 41 f.
— — gruppenspezifische Unterschiede der 47, 51
— gewünschte (= erwartete) 15, 17, 24, 36, 42, 81 f., 91 ff.
— — gruppenspezifische Unterschiede der 15, 46, 49 f., 53 ff., 58 ff., 64, 66 ff., 70, 72 f., 75 f., 78, 86, 99 f.
— Gründe für die 44
— ideale für eine Durchschnittsfamilie (= normale) 17, 41 f., 92 f.
— — gruppenspezifische Unterschiede der 47, 51, 56, 71 f.
— individuell für ideal gehaltene (= ideale) 15, 17, 24, 39 f., 42, 91 f.
— — gruppenspezifische Unterschiede der 15 ff., 46, 49 f., 53 ff., 58 ff., 64, 67 f., 70, 72 f., 75 f., 86, 99 ff.
— vom Mann gewünschte 43 f., 67, 70, 92
— vorhandene 13, 24, 34, 36, 42, 81 f., 91 ff.
— — gruppenspezifische Unterschiede der 13 ff., 49, 53, 59 ff., 64, 66 ff., 72 f., 75 ff., 81, 84, 99 f.
Kinderzahlbeschränkung, Gründe für die 43 f.
Kohortenanalyse 81, 94
Kompetenzverteilung in der Ehe siehe Rollenverteilung in der Ehe
Konfessionszugehörigkeit 33, 61 ff., 69, 75, 83, 94

Neomalthusianismus 11

Partnerwahl 78, 94
Pille
— Bedeutung der für den Geburtenrückgang 23
— Einstellung zur 37 f., 84, 88 ff., 92, 96, 103
— — gruppenspezifische Unterschiede der 47 ff., 52, 56 ff., 63 f., 66, 69 f., 72, 75, 77, 96
Pillenknick 37
Prognose siehe Bevölkerungsvorausschätzung

Regionalpolitik, Maßnahmen der 95
Religiöse Haltung im Familienleben, Bedeutung der 64 ff., 75 f., 84, 88 ff., 95
Rollenverteilung in der Ehe, Meinung der Frau zur 76 f., 84, 88 ff., 95
Rückkoppelungseffekte 25

Schulabschluß der Frau 45 ff., 63, 65, 75 ff., 80, 83, 86
Schwangerschaftsabbruch 21
Sexualethik 10 f., 19, 61
Sozialschicht des Mannes 34, 50 ff., 61, 63, 65, 69, 73, 75 ff., 80, 83 f., 86, 88 ff., 100 f.
Stadt-Land-Differenzierung 68 f.
Sterilität 20, 39

Unsicherheitstoleranz der Frau 73 ff., 84, 86, 89 ff., 96, 100

Wohlstandstheorie 15
Wohnungsgröße 68
Wohnort, Ortsgrößenklasse des 69 ff., 73, 75 f., 83, 94
Wohnungssituation 71, 75, 94
— subjektive Beurteilung der 71 f.

Verzeichnis der Tabellen

		Seite
Tab. 1:	Verteilung der befragten Familien nach Bundesländern	33
Tab. 2:	Ehen in den untersuchten Bundesländern nach der Konfessionszugehörigkeit der Ehepartner	33
Tab. 3:	Ehen in den untersuchten Bundesländern nach der Sozialschichtenzugehörigkeit	34
Tab. 4:	Verteilung der sozialen Schichten in unserer Stichprobe nach dem Heiratsdatum	34
Tab. 5:	Die Anzahl bereits vorhandener Kinder nach der Sozialschichtenzugehörigkeit der Familie	34
Tab. 6:	Die gewünschte (= in der Ehe erwartete) Kinderzahl nach der Anzahl der bereits vorhandenen Kinder	36
Tab. 7:	Die Einstellung zur „Pille" nach der Anzahl bereits vorhandener Kinder	38
Tab. 8:	Die gewünschte (= in der Ehe erwartete) Kinderzahl nach der individuell für ideal gehaltenen Kinderzahl	40
Tab. 9:	Die gewünschte (= in der Ehe erwartete) Kinderzahl nach der für eine normale deutsche Familie für ideal gehaltenen Kinderzahl	41
Tab. 10:	Die gewünschte (= in der Ehe erwartete) Kinderzahl nach der Anzahl der Kinder einer als „groß" bezeichneten Familie	41
Tab. 11:	Vorhandene Kinderzahl, Kinderwünsche und Normvorstellungen im generativen Bereich, 1969 im Vergleich zu 1958	42
Tab. 12:	Die gewünschte (= in der Ehe erwartete) Kinderzahl nach dem Schulabschluß der Frau	46
Tab. 13:	Die individuell für ideal gehaltene Kinderzahl nach dem Schulabschluß der Frau	46
Tab. 14:	Die für eine normale deutsche Familie für ideal gehaltene Kinderzahl nach dem Schulabschluß der Frau	47
Tab. 15:	Die Einstellung zur „Pille" nach dem Schulabschluß der Frau	48
Tab. 16:	Die Verteilung der Meinungen über die Gründe für die Kinderzahlbeschränkung nach dem Schulabschluß der Frau	49
Tab. 17:	Kennwerte der vorhandenen, gewünschten (= in der Ehe erwarteten) und individuell für ideal gehaltenen Kinderzahl nach dem Schulabschluß der Frau	49
Tab. 18:	Die gewünschte (= in der Ehe erwartete) Kinderzahl nach der Sozialschicht des Mannes	50
Tab. 19:	Die individuell für ideal gehaltene Kinderzahl nach der Sozialschicht des Mannes	51
Tab. 20:	Die für eine normale deutsche Familie für ideal gehaltene Kinderzahl nach der Sozialschicht des Mannes	51
Tab. 21:	Die Einstellung zur „Pille" nach der Sozialschicht des Mannes	52
Tab. 22:	Berufsänderungswünsche der Frau nach der Sozialschicht des Mannes	53
Tab. 23:	Kennwerte der vorhandenen, gewünschten (= erwarteten) und individuell für ideal gehaltenen Kinderzahl nach der Sozialschicht des Mannes	53
Tab. 24:	Die Höhe des Haushaltsnettoeinkommens nach der Sozialschicht des Mannes	55
Tab. 25:	Die gewünschte (= in der Ehe erwartete) Kinderzahl nach der Höhe des Haushaltsnettoeinkommens	55
Tab. 26:	Die individuell für ideal gehaltene Kinderzahl nach der Höhe des Haushaltsnettoeinkommens	56
Tab. 27:	Die für eine normale deutsche Familie für ideal gehaltene Kinderzahl nach der Höhe des Haushaltsnettoeinkommens	56
Tab. 28:	Die Einstellung zur „Pille" nach der Höhe des Haushaltsnettoeinkommens	57
Tab. 29:	Die Verteilung der Meinungen über die Gründe für die Kinderzahlbeschränkung nach der Höhe des Haushaltsnettoeinkommens	57
Tab. 30:	Die Häufigkeit von Diskussionen über die finanzielle Lage nach der Anzahl bereits vorhandener Kinder	59
Tab. 31:	Die gewünschte (= in der Ehe erwartete) Kinderzahl nach der Häufigkeit von Diskussionen über die finanzielle Lage	59
Tab. 32:	Kennwerte der vorhandenen, gewünschten (= in der Ehe erwarteten) und individuell für ideal gehaltenen Kinderzahl nach der Höhe des Haushaltsnettoeinkommens	61

Tab. 33:	Die gewünschte (= in der Ehe erwartete) Kinderzahl nach der Konfessionszugehörigkeit der Ehepartner	62
Tab. 34:	Die individuell für ideal gehaltene Kinderzahl nach der Konfessionszugehörigkeit der Ehepartner	63
Tab. 35:	Die Einstellung zur „Pille" nach der Konfessionszugehörigkeit der Ehepartner	63
Tab. 36:	Kennwerte der vorhandenen, gewünschten (= in der Ehe erwarteten) und individuell für ideal gehaltenen Kinderzahl nach der Konfessionszugehörigkeit der Ehepartner	64
Tab. 37:	Die Bedeutung der religiösen Haltung im Familienleben nach der Konfessionszugehörigkeit der Ehepartner	65
Tab. 38:	Die Einstellung zur „Pille" nach der Bedeutung der religiösen Haltung im Familienleben	66
Tab. 39:	Die gewünschte (= in der Ehe erwartete) Kinderzahl nach der Bedeutung der religiösen Haltung im Familienleben	66
Tab. 40:	Die individuell für ideal gehaltene Kinderzahl nach der Bedeutung der religiösen Haltung im Familienleben	67
Tab. 41:	Kennwerte der vorhandenen, gewünschten (= in der Ehe erwarteten) und individuell für ideal gehaltenen Kinderzahl nach der Bedeutung der religiösen Haltung im Familienleben	68
Tab. 42:	Die Einstellung zur „Pille" nach der Ortsgrößenklasse des Wohnorts	70
Tab. 43:	Die gewünschte (= in der Ehe erwartete) Kinderzahl nach der Ortsgrößenklasse des Wohnorts	70
Tab. 44:	Die individuell für ideal gehaltene Kinderzahl nach der Ortsgrößenklasse des Wohnorts	71
Tab. 45:	Die Wohnungssituation und ihre subjektive Bewertung nach der Anzahl bereits vorhandener Kinder	72
Tab. 46:	Kennwerte der vorhandenen, gewünschten (= in der Ehe erwarteten) und individuell für ideal gehaltenen Kinderzahl nach der Ortsgrößenklasse des Wohnorts	73
Tab. 47:	Kennwerte der vorhandenen, gewünschten (= in der Ehe erwarteten) und individuell für ideal gehaltenen Kinderzahl nach der Unsicherheitstoleranz der Frau	75
Tab. 48:	Kennwerte der vorhandenen, gewünschten (= in der Ehe erwarteten) und individuell für ideal gehaltenen Kinderzahl nach der Meinung der Frau zur Rollenverteilung in der Ehe	77
Tab. 49:	Kennwerte der Alters- und Spacing-Faktoren nach dem Schulabschluß der Frau und der Sozialschicht des Mannes	80
Tab. 50:	Differenzierung des realisierten und geplanten generativen Verhaltens in den beiden Kohorten	82
Tab. 51:	Zusammensetzung der beiden Kohorten im Vergleich zu der Gesamtstichprobe in bezug auf die Sozialschicht des Mannes	83
Tab. 52:	Matrix der Bedingungsstruktur in der Kohorte Realisierung	85
Tab. 53:	Matrix der Bedingungsstruktur in der Kohorte Planung	87
Tab. 54:	Einfache und multiple Abhängigkeiten zwischen den Kohorten und den einbezogenen Bedingungsfaktoren	88
Tab. 55:	Soziale Differenzierung der Einstellung zur „Pille" in den 1956 bis 1959 geschlossenen Ehen	96
Tab. 56:	Soziale Differenzierung der Unsicherheitstoleranz der Frau in den 1966 bis 1969 geschlossenen Ehen	97
Tab. 57:	Medianwerte der Altersverteilung, der vorhandenen, unter den gegebenen Bedingungen gewünschten (= in der Ehe erwarteten) und individuell für ideal gehaltenen Kinderzahl unter 40jährigen Frauen nach der Sozialschicht des Mannes und theoretisch zu erwartende Geborenenzahl	99
Tab. 58:	Realisierung und Planung unterschiedlich großer Familien in den einzelnen Sozialschichten	100
Tab. 59:	Familiengrößenspezifisch individuell für ideal gehaltene Kinderzahl nach der Sozialschicht des Mannes	102

Verzeichnis der Abbildungen

		Seite
Abb. 1:	Medianwerte der vorhandenen, der gewünschten bzw. erwarteten und der individuell für ideal gehaltenen Kinderzahl nach ausgewählten Bedingungen	79
Abb. 2:	Multipler Aufklärungsanteil sozio-demographischer und innerfamiliärer Faktoren für geplantes und realisiertes generatives Verhalten	89
Abb. 3:	Schichtspezifische Abweichungen des generativen Verhaltens von dem der gleichaltrigen Durchschnittsbevölkerung	101

UMFRAGE 1969 (1. BEFRAGUNG)
FRAGEN BITTE WÖRTLICH STELLEN. FAMILIEN-
NAME UND WOHNORT VOR DER BEFRAGUNG
EINTRAGEN. WENN KEINE ANTWORTEN VOR-
GEGEBEN SIND, AUF DEN PUNKTIERTEN LI-
NIEN IM WORTLAUT EINTRAGEN.

Datum der Befragung
Name des Interviewers   Nr.
Bundesland

Familienname ....
Wohnort ....
Wann haben Sie standesamtlich geheiratet? (GENAUES DATUM)
Wo haben Sie geheiratet? (ORT) ....
Haben Sie Kinder? Wenn ja: Wieviele?
Wieviele davon sind Ihre leiblichen Kinder?
Wie alt ist das älteste Ihrer leiblichen Kinder?

Allgemeiner Teil I   Frau (F)   Mann (M)

1. Darf ich Sie nach Ihrem Geburtsdatum fragen? Und nach dem Ihres Ehe-   (Eintragen in das
   mannes?   Schema S. 2)

2. Geburtsort (F) .... (M) ....

3. Mit welcher Prüfung oder Klasse haben Sie Ihre Schulzeit beendet?
   HilfsS.   = 1   RealS. od. Gymn. o. Mittl. Reife = 4   Abitur = 7
   VolksS. abgeschl.   = 2   RealS. od. Gymn. mit Mittl. Reife = 5
   VolksS. nicht abgeschl.   = 3   Gymn. bis Obersekunda o. Prima = 6

4. Haben Sie eine berufsbildende Schule besucht (außer Berufsschule)?
   Berufsfachschule   = 1
   Fachschule   = 2
   Berufsaufbauschule   = 3
   Technikerlehrgänge u. TechnikerS.   = 4
   Ingenieurschule   = 5
   Universitäten (Techn. Wiss. Kirchl.)   = 6
   Päd. HochS. u. Lehrerbild. Einricht.   = 7
   sonst. HochS. (bild. Künste, Musik, Sport)   = 8   nein   = 9

5. Haben Sie, hat Ihr Ehemann eine (berufliche) Lehre abgeschlossen?
   Wenn ja: Welche? (F) .... (M) ....
   (WENN NEIN: FELDER MIT O FÜLLEN)

6. Haben Sie eine andere praktische Berufsausbildung?
   Wenn ja: Welche? ....
   Und Ihr Ehemann? ....
   (WENN NEIN: FELDER MIT O FÜLLEN)

7. Welche berufliche Tätigkeit üben Sie, welche Ihr Ehemann derzeitig aus?
   (nicht berufstätig = 7)
   (F) .... (M) ....

	ganztägig	halbtägig
dauernd	1	4
vorübergehend	2	5
gelegentlich	3	6

8. Beabsichtigt Ihr Ehemann, sich in den nächsten zwei Jahren beruflich zu verändern?
   ja   = 1*   wenn * : wodurch? ....   wann? ....
   nein   = 2

9. Finden Sie das gut (= 1), oder finden Sie das nicht gut (= 2)? gleichgültig = 3

116

10. Befürchten Sie, daß sich Ihr Ehemann in den nächsten zwei Jahren beruflich verändern wird? ☐
    ja   = 1* wenn *: warum? ....
    nein = 2

11. Ist ein Elternteil von Ihnen oder von Ihrem Ehemann vor Ihrem bzw. seinem 10. Lebensjahr verstorben, oder haben sich Ihre bzw. seine Eltern vor diesem Zeitpunkt getrennt?   F ☐

    M ☐

	Frau	Mann	
Trennung der Eltern	1	2	
Vater verstorben	3	4	
Mutter verstorben	5	6	nein = 7

12. Haben bzw. hatten Sie oder Ihr Ehemann Stief- oder Pflegeeltern?   F ☐
    nein = 2
    ja   = 1* wen *: seit welchem Alter? ....   M ☐

13. Nun zu Ihren Eltern und denen Ihres Ehemannes

	Vater d. Frau	Mutter d. Frau	Vater d. Mannes	Mutter d. Mannes	Frau	Mann
Geb.-jahr						
Geb.-ort						
überwiegend gewohnt in						
überwiegend ausgeübter Beruf						
Anzahl der Schwestern						
Anzahl der Brüder						
Geschwisterposit. (s. u.)						
Konfession (s. u.)						

zu Geschwisterposition: ältester   = 1   zu Konfession: katholisch   = 1
                         zweitältester = 2   evangelisch   = 2
                         jüngster   = 3   evgl. Freikirchen = 3
                         Einzelkind   = 4   sonst. Konfession = 4
                         anderes   = 5   konfessionslos   = 5

14. Welche Berufe haben Ihre Geschwister und die Ihres Ehemannes? Sind sie verheiratet, und wieviele Kinder haben sie? Fangen wir beim ältesten an!

Frau: Beruf	Fam. Stand	Kinderzahl	Mann: Beruf	Fam. Stand	Kinderzahl
1.			1.		
2.			2.		
3.			3.		
4.			4.		
5.			5.		
6.			6.		

15. Bewohnen Sie Ihre Wohnung als   Untermieter   = 1
                                          Mieter   = 2
                                          Wohnungseigentümer = 3
                                          Hausbesitzer   = 4   (ANWARTSCHAFT WIE BESITZ)

16. Wieviele Wohn- und Schlafzimmer haben Sie (nur Räume, die über 6 qm, aber auch Wohnküchen, Hobbyräume u. ä.)?

17. Würden Sie mir bitte aufzählen, wer alles in Ihrer Wohnung ständig lebt?
    1) Befragte
    2) Ehemann
    3) alle Kinder: welches Kind nicht? ....
    4) Eltern oder Schwiegereltern
    5) andere Verwandte (Verlobte, Schwiegerkinder, Enkel u. a.)
    6) Untermieter
    (INTERVIEWER: BITTE EINKREISEN!)

18. Möchten Sie eine andere Wohnung haben, oder sind Sie mit der jetzigen ganz zufrieden?
    größer = 1   kleiner = 2   zufrieden = 3   besondere Wünsche: ....

19. Würden Sie mir bitte nach dieser Karte hier das Nettoeinkommen von Ihnen und Ihrem Ehemann zusammengenommen angeben? Bitte, rechnen Sie dem Nettoeinkommen auch alle Einkünfte aus Vermietung, Versicherung, Renten und sonstigem Vermögen hinzu. Sie brauchen mir nur den entsprechenden Buchstaben anzugeben!

> Einzelkarte, weiß, I, 3, 19
> bis   150,– = A = 1   800–1200,– = E = 5
> 150–300,– = B = 2   1200–1800,– = F = 6
> 300–600,– = C = 3   1800 u. m.   = G = 7
> 600–800,– = D = 4

20. Wie würden Sie allgemein Ihre finanzielle Lage bezeichnen? Ist sie
    sehr gut   = 1   weniger gut = 4
    gut   = 2   schlecht   = 5
    nicht gut, aber auch nicht schlecht = 3   weiß nicht   = 6

21. Ist seit Ihrer Verheiratung Ihr gemeinsames Einkommen wesentlich, d. h. um mehr als ein Drittel, gestiegen oder gesunken, oder ist es etwa gleich geblieben?
    gestiegen   = 1*   wenn *: wodurch? ....
    gesunken   = 2*
    ungefähr gleich geblieben = 3

22. Wird sich Ihr gemeinsames Einkommen voraussichtlich in den nächsten zwei Jahren wesentlich ändern?
    steigen   = 1*   wenn *: wodurch? ....
    sinken   = 2*
    ungefähr gleich bleiben   = 3
    weiß nicht, keine Angabe = 4

23. Wie oft machen Sie sich Gedanken oder wie oft diskutieren Sie darüber, wie Sie Ihren laufenden finanziellen Verpflichtungen am besten nachkommen können?

> Einzelkarte, weiß, I, 3, 23
> so gut wie nie = 1   öfter   = 4
> selten   = 2   sehr häufig = 5
> manchmal   = 3   ständig   = 6

24. Wieviel Ihres Einkommens machen Ihre laufenden Belastungen schätzungsweise aus? Unter laufenden finanziellen Belastungen sollen alle Zahlungen verstanden werden, die jeden Monat zu einem bestimmten Termin fällig sind, z. B. Miete, Strom, Ratenverpflichtungen usw.?
    bis zu einem Viertel = 1   weiß nicht   = 4
    bis zur Hälfte   = 2   keine Angabe = 5
    mehr als die Hälfte   = 3

25. Wenn Sie heute nochmal mit Ihrer Ausbildung beginnen könnten, würden Sie dann etwas anderes machen, oder würden Sie Ihren jetzigen Beruf wieder erlernen? ☐
    etwas anderes = 1*   wenn *: was? ....
    das gleiche = 2

26. Nehmen wir an, daß Sie sich unerwartet zu größeren Ausgaben, mehr als 2 Monats-Nettoeinkommen, gezwungen sehen; meinen Sie, Ihr Einkommen, Ihre Ersparnisse und sonstigen Hilfsquellen (z. B. Verwandtschaft) seien groß genug, diese Ausgaben zu verkraften? ☐
    ja = 1   kommt darauf an = 2   nein = 3

27. Sind Sie kirchlich getraut? ☐
    ja = 1   nein = 2

28. Wie regelmäßig gehen Sie zur Kirche? ☐
    jeden Tag   = 1   häufig, aber unregelmäßig   = 4
    jeden Sonntag   = 2   selten, aber regelmäßig (z. B. jede Weihnacht = 5
    nicht ganz regelmäßig = 3   gar nicht   = 6

29. Abgesehen vom Kirchenbesuch, würden Sie sagen, daß Ihre Familie in einem eher losen (= 1), eher engen (= 2), eher gleichgültigen (= 3) oder eher ablehnenden (= 4) Verhältnis zur Religion steht? ☐

30. Wie würden Sie die Frage für sich selbst beantworten? ☐

31. Welche Rolle spielt Ihre religiöse Haltung in Ihrem Familienleben? Kreuzen Sie bitte den Punkt auf unten stehender Skala an! ☐
    keine Rolle |_____|_____|_____|_____|_____ große Rolle

32. Was meinen Sie, fällt es Ihnen heute leichter, eine Familie zu ernähren und zu unterhalten als Ihren Eltern zur Zeit Ihrer eigenen Kindheit? ☐
    leichter = 1*   wenn *: Gründe: ....
    schwerer = 2*
    gleich   = 3

33. Was ist heute, Ihrer Meinung nach, die ideale Kinderzahl für eine normale deutsche Familie? ☐
    warum? ....

34. Was verstehen Sie unter einer großen Familie? Wieviele Kinder muß die etwa haben? ☐

35. Halten Sie es für genauso wichtig für ein Mädchen, das Abitur zu machen wie für einen Jungen, oder meinen Sie, daß die mittlere Reife für ein Mädchen ausreicht? ☐
    für beide Abitur gleich wichtig = 1   für Mädchen reicht mittl. Reife = 4
    für Mädchen Abitur wichtig   = 2   für Jungen reicht mittl. Reife   = 5
    für Jungen Abitur wichtig   = 3   gleichgültig   = 6

Nennen Sie mir bitte die Vornamen Ihrer Kinder und deren Geburtsdaten:

Vorname	Geschlecht	Geburtsdatum

Allgemeiner Teil II

1. Bitte, sagen Sie mir, für wie wichtig Sie die auf jeder Karte angeführte Verhaltensweise einer guten Mutter halten. Auf dieser Karte steht: „Eine gute Mutter soll... (TEXT VORLESEN!)"
   Halten Sie das für äußerst wichtig = 1   weniger wichtig = 4
                   sehr wichtig   = 2   unwichtig   = 5
                   wichtig   = 3
   (KARTEN ÜBERGEBEN!)

   a ☐   b ☐   c ☐   d ☐   e ☐   f ☐   g ☐   h ☐   i ☐

   > GELBE KARTEN: Eine gute Mutter soll
   > a) ihr Kind führen und verstehen
   > b) das Haus und das Kind ordentlich und sauber halten
   > c) in liebevoller Beziehung zum Kind stehen
   > d) das Kind zur Regelmäßigkeit erziehen
   > e) darauf achten, daß das Kind mit anderen teilt und mit anderen gut auskommt
   > f) das Kind dazu erziehen, daß es Erwachsenen gehorcht und sie respektiert
   > g) darauf sehen, daß das Kind sich Mühe gibt zu lernen
   > h) ihr Kind zur Selbständigkeit erziehen
   > i) bei ihrem Kind Initiative wecken

2. Stimmen Sie den folgenden Behauptungen auf diesen Karten zu (= 1) oder nicht (= 2)? (ORANGE)

   1 ☐   2 ☐   3 ☐   4 ☐   5 ☐   6 ☐   7 ☐   8 ☐   9 ☐   10 ☐   11 ☐

   > (KARTEN ORANGE!)
   > 1. Planen macht einen Menschen nur unglücklich, da die Pläne ohnehin kaum jemals verwirklicht werden können.
   > 2. Nichts im Leben ist das Opfer wert, von seinen Eltern wegzuziehen.
   > 3. Auch wenn Eltern oft streng erscheinen, wird ein Mensch, wenn er älter wird, erkennen, daß das gut so war.
   > 4. Eltern nehmen die Meinung eines Teenagers nicht ernst.
   > 5. Ich wäre bestürzt, wenn mein Sohn schließlich Fabrikarbeiter würde.
   > 6. Es ist dumm von einem Teenager, Geld für ein Auto auszugeben, wenn dieses Geld als Starthilfe für ein Geschäft oder für eine Ausbildung verwendet werden könnte.
   > 7. Der beste Beruf ist einer, in dem man in Gruppen zusammenarbeitet, auch wenn man dadurch keine persönliche Anerkennung erhalten kann.
   > 8. Erziehung und Lernen bestimmen das Glück eines Menschen, weniger das Geld und das, was man dafür kaufen kann.
   > 9. Wenn für einen Jungen die Zeit kommt, einen Beruf zu ergreifen, sollte er in der Nähe seiner Eltern bleiben, auch wenn er deshalb eine gute Stelle aufgeben müßte.
   > 10. Auch wenn Teenager heiraten, bleiben sie doch hauptsächlich ihren Eltern verpflichtet.
   > 11. Heutzutage — bei den auf der Welt herrschenden Verhältnissen — lebt ein weiser Mensch für das Heute und kümmert sich nicht um das Morgen.

3. Zu den Fragen, die ich Ihnen jetzt stellen möchte, lege ich Ihnen ebenfalls jeweils eine Karte vor, auf der zu jeder dieser Fragen zwei gegensätzliche Ansichten stehen. Bitte, prüfen Sie die Ansichten und geben Sie mir diejenige an, der Sie am ehesten zustimmen würden. (GRÜNE KARTEN)

1. Wie meinen Sie, sollten in einer Familie die Aufgaben verteilt sein, die mit dem Haushalt zusammenhängen (Abwaschen, Einkaufen, Saubermachen usw.)? (a = 1; b = 2)

☐
| a) für den Haushalt muß die Frau allein sorgen. Der Mann hat beruflich genug zu tun und braucht nicht auch noch im Haushalt zu helfen. | b) Die Frau muß genügend Zeit für ihre Familie haben, daher müssen alle Familienmitglieder – auch der Ehemann – ihr Arbeiten im Haushalt abnehmen. |

2. Angenommen, Ihr Kind hat Spiel- oder Schulfreunde, deren Verhalten Ihnen nicht so gut gefällt. Wie würden Sie sich verhalten?

☐
| a) Ich verbiete meinem Kind, mit diesen Freunden zu spielen und achte darauf, daß es dieses Verbot auch einhält. | b) Ich äußere meine Bedenken dem Kind gegenüber, überlasse aber die Entscheidung ihm, denn es ist seine Sache. |

(wie alt ist das Kind, an das Sie in diesem speziellen Zusammenhang denken? .... Jahre)

3. Wie müßte Ihrer Meinung nach das Verhältnis zwischen Ehepartnern im allgemeinen aussehen?

☐
| a) Der Mann ist der Haushaltsvorstand. Er sorgt für die Familie und ist auch für sie verantwortlich. Er hat daher Anspruch darauf, daß seine Ansichten als maßgebend betrachtet und seine Wünsche erfüllt werden. | b) Mann und Frau sind völlig gleichberechtigt. Bei Meinungsverschiedenheiten muß ein Kompromiß gefunden werden, oder derjenige setzt sich durch, der über die begründetere Ansicht verfügt – ganz gleich, ob Mann oder Frau. |

4. Welchen dieser beiden Erziehungsgrundsätze halten Sie für den besseren?

☐
| a) Die Kinder müssen so erzogen werden, daß sie ihren Eltern unbedingt gehorchen. Sie müssen erst lernen, was richtig und was falsch ist, denn sie haben noch keine Erfahrung. | b) Die Kinder sollen selbständig denken lernen. Die Eltern sollen verstehen, daß ihre Kinder einmal ein selbständiges Leben führen wollen und werden. Sie sollten die Kinder beraten, ihnen aber nicht befehlen. |

(Wie alt ist das Kind, an das Sie in diesem Zusammenhang denken? .... Jahre)

☐ 5. a) Legen Sie besonderen Wert darauf, daß alles seinen Platz hat und auch dort zu finden ist, oder | b) gehören Sie zu den Menschen, die sich in einem streng geordneten Haushalt unwohl fühlen?

☐ 6. a) Haben Sie es gern, wenn Ihr Tagesablauf sich genau nach einem bestimmten Plan richtet, oder | b) neigen Sie eher dazu, Ihren Tagesablauf der jeweiligen Situation und Ihrem eigenen Gutdünken anzupassen?

☐ 7. a) Werden Sie ärgerlich, wenn Ihre Einteilung durch ein unvorhergesehenes Ereignis durcheinandergebracht wird, oder | b) freuen Sie sich über diese Abwechslung und Unterbrechung des täglichen Einerlei?

☐ 8. a) Haben Sie etwas gegen Dinge, die unsicher und nicht vorhersagbar sind, oder | b) macht es Ihnen Freude, die unsicheren und nicht vorhersagbaren Dinge zu bewältigen?

9. In den einzelnen Familien wird es ganz unterschiedlich gehandhabt, wer das Geld verwaltet. Wie ist das bei Ihnen? Welche Möglichkeit trifft bei Ihnen am ehesten zu (GELBE KARTE II 4, 9)

☐
1. Ich verfüge über das ganze Einkommen. Wenn mein Mann etwas braucht, gebe ich es ihm.
2. Mein Mann behält persönliches Geld. Alles andere bekomme ich.
3. Mein Mann gibt mir das Wirtschaftsgeld und verfügt über das andere Einkommen.
4. Wir verfügen gemeinsam über das Geld, und jeder nimmt sich den Teil, den er braucht.
5. Wir verdienen beide und verfügen jeder über sein Einkommen. Den Haushalt finanzieren wir aus einer gemeinsamen Haushaltskasse.

(GRÜNE KARTEN NICHT MISCHEN LASSEN!)

Spezieller Teil III

1. Sind Sie der Meinung, daß in der Bundesrepublik
   zuviel   = 1
   zu wenig   = 2
   gerade die richtige Anzahl   = 3
   Kinder geboren werden (zur Zeit durchschnittlich 2,2 Kinder pro Familie)?

2. Sie gaben vorhin an, wieviele Kinder Sie und Ihr Ehemann haben. Darf ich fragen, ob Ihnen irgendwelche gesundheitlichen Gründe bekannt sind, die es Ihnen unmöglich machen, noch Kinder zu bekommen?
   ja = 1*   nein = 2
   wenn *: Würden Sie mir bitte diese Gründe beschreiben ....
   ....
   (wenn *: Nehmen wir an, die von Ihnen angegebenen Schwierigkeiten wären z. B. durch ein neues Medikament zu beseitigen)

3. Wieviele Kinder möchten Sie in Ihrem Leben einmal haben?
   Anzahl eintragen!   keine = 9*   wenn *: ÜBERGEHEN ZU FRAGE 5

4. Wünschen Sie sich einen Jungen oder ein Mädchen?
   Jungen = 1   Mädchen = 2   gleichgültig = 3
   Wann ungefähr soll es geboren werden? (Jahr: ....)

5. Gibt es Gründe dafür, daß Sie gerade so viele Kinder haben wollen und nicht mehr und nicht weniger?
   ja = 1*   nein = 2   wenn *: welche? ....
   ....

6. (INTERVIEWER: FRAGE 6–8 NUR STELLEN, WENN MINDESTENS 1 KIND VORHANDEN!)
   Wieviele Kinder wünschten Sie sich unmittelbar nach der Geburt Ihres (ersten) Kindes?
   Anzahl eintragen!   keine = 9

7. Wissen Sie noch, wieviele Kinder Sie sich vor Ihrem (ersten) Kind gewünscht haben?
   nein = 2   wenn *: wieviele? ....   WENN GLEICH: ÜBERGEHEN ZU FRAGE 9

8. Ihre Wünsche haben sich also inzwischen geändert. Was bewirkte diese Änderung?
   ....
   ....

9. Wünscht Ihr Ehemann sich im Grunde genauso viele Kinder wie Sie, oder hat er da andere Vorstellungen?
   soviel wie die Frau = 1   weniger als die Frau = 3
   mehr als die Frau   = 2   keine   = 4

10. Wann ungefähr führten Sie das entscheidende Gespräch über dieses Thema?
    vor weniger als 1 Woche   = 1   vor der Ehe   = 4
    vor weniger als 1 Monat   = 2   gleich zu Beginn der Ehe = 5
    vor weniger als 6 Monaten = 3   anderes   = 6*
    wenn *: ANTWORT WÖRTLICH NOTIEREN! ....

11. Gab es seit Ihrer Verheiratung eine Zeit, in der Sie von Ihrem Ehemann länger als drei Monate völlig getrennt waren?
    ja = 1*   nein = 2   wenn *: Bitte, geben Sie mir Anfang und Ende dieser Zeitspanne an
    (MONAT, JAHR) ....

12. Wir sprachen vorhin darüber, wieviele Kinder Sie sich jetzt wünschen. Wenn Sie Ihr gesamtes Eheleben ganz von vorne beginnen und ohne Rücksicht auf irgendwelche Umstände die Kinderzahl allein bestimmen könnten, wieviele Kinder möchten Sie dann haben?

13. Welche Gründe, meinen Sie, sind allgemein für die Beschränkung der Kinderzahl in den heutigen Ehen verantwortlich?
    ....
    ....

14. Ich lege Ihnen jetzt einen Stapel von Karten vor mit Gründen für die Beschränkung der Kinderzahl. Bitte, ordnen Sie die Karten so, daß die Karte mit dem nach Ihrer Meinung wichtigsten Grund ganz unten zu liegen kommt, die mit dem zweitwichtigsten darüber, usw.

    1 ☐   2 ☐   3 ☐   4 ☐   5 ☐   6 ☐

    > weiße Karten, klein:
    > 1. Man hat heute eben nicht mehr Kinder als andere.
    > 2. Je mehr Kinder man hat, um so schwieriger wird es, sich um jedes einzelne in ausreichendem Maße zu kümmern.
    > 3. Je mehr Kinder eine Frau geboren hat, um so schwächer ist ihre Gesundheit.
    > 4. Mit jedem weiteren Kind wird die Unruhe zu Hause größer.
    > 5. Die finanzielle Belastung steigt mit jedem Kind an, so daß viele Eltern nicht wissen, wie sie mehr Kinder ohne große Einschränkungen durchbringen sollten.
    > 6. Die politische und wirtschaftliche Zukunft Deutschlands ist zu unsicher

15. (INTERVIEWER: FRAGE 15 NUR STELLEN, WENN MINDESTENS EIN KIND VORHANDEN; SONST FRAGE 16!)
    Was trug hauptsächlich zu Ihrer Entscheidung bei, sich den Wunsch nach einem Kind zu erfüllen?
    ....

    (ÜBERGEHEN ZU FRAGE 17!)

16. Was trägt hauptsächlich zu Ihrer Absicht bei, sich den Wunsch nach einem Kind zu erfüllen (zu versagen)?
    ....

17. Hatten Sie je eine Fehl- oder Totgeburt, oder ist einmal eines Ihrer Kinder schon im Säuglingsalter verstorben?
    ja = 1* nein = 2 wenn *: In welchem Jahr war das? ....   ☐

18. Waren Sie oder Ihr Ehemann schon einmal verheiratet?   F ☐
    nein = 1 wenn ja: von wann bis wann? ....   M ☐
            Grund der Trennung: Scheidung = 2
                                  Tod   = 3

19. Was halten Sie von der Anti-Baby-Pille? (ANTWORT MÖGLICHST WÖRTLICH!)
    ....
    ....